北京文博

文 丛

二〇二二年第三辑

北京市文物局　编

北京燕山出版社
BEIJING YANSHAN PRESS

图书在版编目（CIP）数据

北京文博文丛. 2022. 第3辑 / 北京市文物局编. ––

北京：北京燕山出版社, 2022.12

ISBN 978-7-5402-6758-2

Ⅰ. ①北… Ⅱ. ①北… Ⅲ. ①文物工作–北京–文集
②博物馆–工作–北京–文集 Ⅳ. ①G269.271-53

中国版本图书馆CIP数据核字(2022)第231442号

北京文博文丛・2022・第3辑

出版发行：北京燕山出版社有限公司

社　　址：北京市丰台区东铁匠营苇子坑138号C座　　100079

责任编辑：郭　悦　梁　萌

版式设计：肖　晓

印　　刷：北京兰星球彩色印刷有限公司

开　　本：787mm×1092mm　1/16

印　　张：7

字　　数：181千字

版　　次：2022年12月第1版

印　　次：2022年12月第1次印刷

ISBN 978-7-5402-6758-2

定　　价：48.00元

北京文博

2022年第3辑（总109期）

主办单位：北京市文物局

编辑出版：《北京文博》编辑部

北京燕山出版社

网址：http://wwj.beijing.gov.cn

邮箱：bjwb1995@126.com

目录 | Contents ||||||||||||||||||||||||||||||||||||||||||||||||||||||||||||||||

声 明

　　本刊已许可中国知网以数字化方式复制、汇编、发行、信息网络传播本刊全文。本刊支付的稿酬已包含中国知网著作权使用费，所有署名作者向本刊提交文章发表之行为视为同意上述声明。如有异议，请在投稿时说明，本刊将按作者说明处理。

执行主编：韩建识

编辑部主任：高智伟

本辑编辑：韩建识　陈　倩
　　　　　高智伟　康乃瑶　侯海洋

Beijing Cultural Relics and Museums

No. 3, 2022

Organizer: Beijing Municipal Administration

Bureau of Cultural Heritage

Edited and Published by the Editorial Department

of Beijing Wen Bo, Beijing Yanshan Press

URL:http://wwj.beijing.gov.cn

E-mail: bjwb1995@126.com

目录 | Contents ||||||||||||||||||||||||||||||||||||||||||||||||||||||||||||||||||||||||||||||||||||||||

保护传承中轴文脉 共治共享文化遗产

——写于《北京中轴线文化遗产保护条例》施行之际

于 平

北京在1982年被国务院列为第一批国家历史文化名城。北京中轴线北端为钟鼓楼，向南经过万宁桥、景山、故宫、天安门广场、正阳门，至永定门，全长约7.8千米。北京中轴线是世界现存最长、保存最为完整的城市（都城）轴线，是中国古代延续至今都市规划的经典之作。代表了东方文明古都规划设计和建设的最高成就。北京中轴线被誉为北京老城的灵魂和脊梁，蕴含着中华民族深厚的文化底蕴、哲学思想，真实地记录并展现了北京作为历史文化名城和中国政治文化中心的发展历程，见证了中国朝代更迭和社会发展与人民生活的巨大转变，是独一无二的文化遗产。

一、北京中轴线申遗工作的由来

2008年北京成功举办奥运会，北京这座城市也前所未有地成为了举世瞩目的热点城市。红极一时的歌曲《北京欢迎你》伴着悠扬欢快的旋律和北京特有的人文古迹画面，将北京这座历史文化名城推送到世界的天涯海角。丰富的文物建筑和古都风貌的保护问题，也成为了后奥运时代北京城市发展最受关注的话题之一。北京中轴线申遗项目就是在这一阶段由北京市委、市政府提了出来。

2012年，北京中轴线申遗项目成功列入《中国世界文化遗产预备名单》。2016年，推动中轴线申遗被写入北京市政府工作报告。2017年，正式发布实施的《北京城市总体规划（2016年—2035年）》也明确提出"积极推进中轴线申遗工作"。2020年8月，《首都功能核心区控制性详细规划（街区层面）（2018年—2035年）》明确提出"扎实推进中轴线申遗保护，营造良好遗产环境，全面烘托中轴线作为城市骨架的统领作用。以中轴线申遗为抓手，实施重点文物腾退，强化文物保护与风貌整治"。2020年市委全国文化中心建设领导小组印发《北京中轴线申遗保护三年行动计划（2020年—2023年）》。自此，北京中轴线申遗驶入"快车道"。

2022年5月25日北京市人大常委会第三十九次会议审议通过《北京中轴线文化遗产保护条例》，自今年10月1日行施。

2022年8月7日国家文物局李群局长在"北京历史文化名城保护对话会"上透露国家文物局将推荐"北京中轴线"作为我国2024年世界文化遗产申报项目。由此可推算2023年2月申遗文本将正式递交联合国教科文组织世界遗产委员会，8—9月世遗专家将来京现场考察。2024年世界遗产大会将对北京中轴线项目进行审议票决。目前，北京中轴线申遗工作进入了倒计时。

二、北京中轴线申遗的基本遵循与申遗目的

2016年习近平总书记就良渚考古和申遗工作作出重要批示，指出世界遗产申报要"有利于突出中华文明历史文化价值，有利于体现中华民族精神追求，有利于向世人展示全面真实的古代中国和现代中国"。2019年2月习近平总书记强调：一个城市的历史遗迹、文化古迹、人文底蕴，是城市生命的一部分。文化底蕴毁掉了，城市建得再新再好，也是缺乏生命力的。要把老城区改造提升同保护历史遗迹、保存历史文脉统一起来，既要改善人居环境，又要保护历史文化底蕴，让历史文化和现代生活融为一体。2020年6月习近平总书记在审议《首都功能核心区控制性详细规划（街区层面）（2018年—2035年）》时强调，要"以中轴线申遗保护为抓手，带动重点文物、历史建筑腾退，强化文物保护和周边环境整治"。习近平总书记对申报世界文化遗产和对北京工作的一系列重要论述为做好北京中轴线申遗保护工作提供了根本遵循。

市委、市政府深刻领会习近平总书记关于申报世界文化遗产和对北京工作的一系列重要论述和重要批示精神，高度重视中轴线文物保护工作。蔡奇书记、陈吉宁市长先后多次专题调研中轴线申遗保护工作，强调老城保护是实施核心区控规的重要任务，而中轴线申遗保护则是有力抓手。推进中轴线申遗保护，要以功成不必在我的境界，保护、传承、利用好这份独一无二的历史遗产。

北京中轴线申遗的目的和意义越来越清晰，申遗绝不仅仅是让北京再增加一项世界遗产这么简单。北京中轴线申遗是全面贯彻落实习近平总书记对申遗工作和对北京多次重要指示批示精神，实施新版《北京市城市总体规划》中历史文化名城保护与文化中心建设的核心工作；是以世界遗产保护管理的理念和标准对北京中轴线遗产价值开展研究与保护、阐释与传承；是以申遗工作为抓手，提升北京老城整体保护水平和带动文化遗产保护成果由人民共享，以申遗成功作为北京新版规划实施的重要成果，促进北京城市可持续发展。

三、制定《北京中轴线文化遗产保护条例》的思路（以下简称《条例》）

（一）制定《条例》的背景

世界遗产专家委员会讨论审议遗产项目的程序是对申报项目《文本》《保护管理规划》的审查和现场考察评估，其中有两条很重要的考量内容，一是遗产的真实性、完整性，二是遗产保护的措施。这是两个很重要的讨论议题。在我国《世界文化遗产申报工作规程（试行）》也有将颁布实施文化遗产保护的地方专项法规和规章作为审议候选遗产的条件要求。制定《条例》不仅是世界遗产委员会和我国遗产保护、评选的要素之一，也是提前为申遗工作做铺垫，是体现对北京中轴线遗产进行依法有效保护和管理的"加分项"。因此，《条例》制定工作于2018年启动，作为二类立法项目列入《北京市十五届人大常委会立法规划》。

《世界遗产公约》及其操作指南要求世界遗产保护应遵循真实性、完整性及可持续性原则，强调世界遗产的公众享用及公众参与，尊重和保障遗产社区居民的正当权益。《公约》还要求应当具有对世界遗产保护的监测评估等机制。而现在已有的法规或规章对于这些要求是有缺失或有待进一步明确的。制定《条例》是进一步完善保护管理法制建设、推进中轴线申遗工作顺利开展的重要举措，是从法律层面上强化了对遗产地真实性、完整性的保护。

1982年北京被国务院列为第一批国家历史文化名城。北京中轴线作为北京老城的核心，见证了北京城市近现代化的持续发展和市民生活的历史变迁，既是历史

轴线也是发展轴线，对北京城市发展与文化传承具有重要意义。因此，中轴线申遗保护是加强老城整体保护的重中之重工作，是推进北京历史文化名城保护的重要抓手。结合申遗工作加强重点地区综合整治，保护中轴线传统风貌特色，注重保护与有机更新相衔接，必将进一步拓展和丰富历史文化名城保护内容、优化城市人居环境、提升和改善居民的生活方式与生活品质。而《条例》的制定，是贯彻以中轴线保护带动北京老城和历史文化名城保护，推进民生保障和改善，促进可持续发展的法治保障。

（二）制定《条例》目的与基本思路

制定《条例》是为了推动中轴线申遗和北京文化遗产保护的制度创新，着力解决中轴线申遗保护工作瓶颈，总结、规范、推广中轴线申遗保护实践经验，提升政策法规在工作层面的指导作用。

制定《条例》既是对标《保护世界文化和自然遗产公约》（以下简称《公约》）相关要求、实施《中华人民共和国文物保护法》《非物质文化遗产法》《北京历史文化名城保护条例》等法律法规的要求，也是为像北京中轴线这类大型遗产的保护提供长期稳定的依法依规保护的重要途径。秉持科学保护、合理利用、可持续发展的理念，通过制定《条例》明确中轴线文化遗产保护与利用、保护与发展的关系，在保护的同时，倡导合理利用，切实发挥中轴线文化遗产的当代意义和价值，优化首都功能、改善人居环境，促进经济社会和谐发展和民生改善与保障，为全面改善北京历史文化名城的保护与管理提供样板。

（三）制定《条例》以问题为导向

为推进中轴线申遗工作、加强中轴线遗产的保护利用，北京市已部署开展一系列工作并取得实效，在近十年的申遗保护工作实践中，既有许多创新实践和宝贵经验需要通过法制方式加以引导，又有面临一些突出的困难和问题需要通过制定《条例》加以规范，并提供必要的法律保障。主要有以下问题：

1. 保护机构层级多元复杂，管理体制有待完善

由于中轴线遗产构成要素丰富、多样，包括古建筑（3+11+2+n）、近现代重要史迹、遗址、历史街区、历史道路和广场等要素。保护级别也不尽相同，既有故宫、天坛等世界文化遗产，也有市级文物保护单位，还有非文物建筑、其他物质或非物质形态载体。北京中轴线是作为一处完整的遗产地来保护的，容易出现政出多门、保护标准不一的情况。因此，建立有效的保护管理体制，是解决中轴线保护利用和管理工作的关键，也是中轴线立法应解决的重点和难点问题。一方面，《条例》的制定有利于理顺当前各保护管理机构的权属关系，明确中轴线遗产整体保护的主管机构；另一方面，《条例》有利于明确各级政府及相关行政部门的职责范围与权限划分，建立能够协调各机构与部门关系的统筹协调机制。

2. 保护主体权利义务不明晰

中轴线遗产包含许多文物建筑和历史建筑，由于历史原因，这些建筑的产权人、承租人和实际使用人现实情况复杂，从而致使责任主体不明确，修缮维护义务难以落实。现行立法对保护主体的权利规定较少，也导致其怠于履行保护义务和责任。另外，一些文物与历史建筑的腾退和影响风貌保护要求的超高建筑整治问题，缺乏明确的法律依据。因此，有必要制定《条例》对保护主体的相关权利与义务作出细化规定，为中轴线遗产保护工作提供明确的法律指引。

3. 资金来源渠道单一

中轴线申遗保护过程中，文物修缮腾退与环境综合整治等工作对资金需求较大。目前，资金投入仍以财政经费为主要来源，总体而言保护资金渠道较为单一。因此，为保证财政经费来源的稳定性和对社会资本积极参与投入的鼓励、引导，确

保中轴线保护工作能够长期平稳运行，需要制定《条例》，对中轴线遗产保护的资金保障制度予以细化和引导。

4. 中轴线遗产环境风貌整治和管控标准具有特殊性

中轴线遗产环境整治与管控的特殊要求难以适用现代化市政建设的规则和标准。例如，中轴线区域内胡同、四合院的传统建筑形态和空间布局，使该区域内公共绿化、管道铺设等难以达标。需要《条例》确立《北京中轴线保护规划》的法律地位，确保各项保护和整治措施符合规划要求，以解决当前中轴线历史风貌保护整治工作中的突出问题。

5. 系统的遗产监测预警机制尚未建立

近年来文化遗产保护理念由注重文物本体保护向文物本体与周边环境、文化生态的整体保护转变。遗产监测平台建设对文物预防性保护的支撑作用日益凸现。完善的遗产监测机制包括系统性监测（定期报告制度）和反应性监测（重大工程或者重大突发事件报告评估制度），是《世界遗产公约》对于世界遗产地保护的基本要求。我国《世界文化遗产保护管理办法》也确立了世界文化遗产的监测巡视制度和突发事件报告制度。目前，中轴线遗产的监测机制尚未完全建立，需完善监测的指标、内容、方法等监测系统。为使中轴线保护和管理符合《世界遗产公约》的要求，《条例》应为中轴线遗产监测制度的建立和运行提供法律保障。

6. 公众参与机制的系统性和持续性有待加强

《公约》鼓励缔约国通过教育和宣传措施增强公众对世界遗产的了解和保护，其操作指南则进一步明确要求促进和鼓励所在社区公众和所有利益相关方的积极参与。目前中轴线遗产保护仍需继续扩大宣传教育，使社会公众和社区居民凝聚共识，同时仍需深入开展历史、文化、科学等研究工作，挖掘中轴线遗产的文化价值，建立中轴线展览展示标识系统、阐释好中轴线遗产价值、讲好中轴线故事。因此需要以《条例》来为引导社会公众参与保护、传承、利用及共治共享遗产保护成果，促进城市可持续发展提供法律支持。

四、《条例》的亮点与创新

（一）《条例》的立法程序具有显著亮点

主要体现在不同政府部门和市人大代表提前介入，遗产保护、规划、法律等相关专家团队全程参与立法的调研、论证、草案编制全过程，并坚持广泛征求意见，开门立法。

中轴线立法工作由北京市文物局组织实施。文物局自调研论证阶段起就牵头设立了专门的立法工作组，工作组除包含市文物局和专家团队人员外，还邀请市司法局和市人大有关工作部门代表全程参与调研、论证、草案讨论过程。

鉴于中轴线立法与中轴线申遗文本和《保护管理规划》的关系密切，而申遗文本和《保护管理规划》的编制可以说不到正式报到世界遗产委员会之前，都是有可能进行调整的，是一个动态的过程。因此，中轴线立法工作除委托中国人民大学文化遗产法研究所作为《条例》起草的专家咨询团队之外，还吸纳了中轴线申遗文本团队和保护规划编制团队专家代表的深度参与。不同专家团队根据自身的专长和参与中轴线申遗保护工作的主要任务，对不同的条款提出专业建议和意见，由立法工作组成员单位一起讨论拟定。特别是后期在中轴线立法工作组对《条例》草案进行逐条讨论的过程中，每一次会议都有申遗文本团队、保护规划团队和法律团队代表的参加，对于专业性较强或者争议较大的条款应如何表述进行反复研究。由于这些部门的提前介入和前期深度参与，对于起草小组在全面了解情况的基础上最大限度地凝聚共识具有积极意义，有效地提高了立法效率。

《条例》在调研、论证、草案编制、修改和审议等各环节，通过组织市、区两级人大代表和遗产地公众代表召开多次专题座谈会，向相关政府部门和遗产管理使用单位发函，以及将《条例》草案向社会公开征求意见等方式，广泛征求意见，将"开门立法"贯彻到了立法的全过程。

（二）《条例》建立了常态化统筹协调机制

由于中轴线文化遗产构成要素复杂，涉及的管理使用主体层级差异巨大，有央属、市属、区属，也有些是非国有的管理使用单位或私人。涉及的建筑形态、广场、城市空间等的保护管理依据也各不相同。北京中轴线是作为一处完整的遗产地来保护，容易出现政出多门、保护标准不一的情况。因此，建立有效的常态化统筹协调机制，是解决中轴线保护利用和管理工作的关键，它解决了保护管理机制问题。

比如，《条例》第六条规定，"本市建立北京中轴线保护议事协调工作机制，统筹、协调北京中轴线保护的重要事项。市文物部门主管北京中轴线的整体保护工作。规划自然资源、住房城乡建设、财政、文化和旅游、园林绿化、交通、水务、教育、城市管理等有关部门应当按照各自职责，做好北京中轴线保护相关工作"。这条规定建立了常态化的统筹协调机制，并且明确了各行政主管部门的职责，为中轴线文化遗产设定了常态化统筹协调机制。这是《条例》的最大亮点之一。

怎样把这样丰富的遗产对象结合在一起，建立一个协调机制，形成合力，有效地实现对其整体的保护与管理？已有的法规或保护规划主要明确的是文物部门或规划部门的保护职责，主要强调对文物本体的保护措施，怎样维修、怎样不改变文物原状，怎样保持历史环境。而《条例》则明确提出"建立保护议事协调管理机制"的要求，建立政府、行政主管部门以及专门保护机构共同构成的保护管理体系。《条例》的出台便于相关部门和机构清晰了解在中轴线遗产保护中各自的职责，有效避免出现相互推诿的情况。由政府部门牵头，行政部门各负其责，各自执法，这是一种文物保护管理方式的变化，很像是对一个城市综合管理的方式，用这种方式来保护和管理遗产没有先例。这对于未来对大型的文化遗产保护管理都会有借鉴作用。《条例》关于常态化统筹协调机制的规定，既是北京中轴线遗产保护创新性实践的总结，也为未来北京中轴线保护工作的统筹和落实提供了坚实的法律保障。

（三）《条例》突出强调北京中轴线坚持整体保护原则

《条例》第三条明确提出"本市对北京中轴线及其环境实行整体保护"，保护对象不仅包括中轴线上的文物建筑和历史遗迹，还包括历史城廓、历史街巷、城市标志物、重要的景观视廊和平缓开阔的空间形态、历史河湖水系、古树名木及在北京中轴线历史发展过程中形成的传统文化。《条例》第四条明确提出"北京中轴线应当坚持统一规划、统筹管理、整体保护、合理利用的原则，坚持以保护北京中轴线突出普遍价值为核心，维护北京中轴线的完整性、真实性。"对于将北京中轴线这样的巨型遗产实施整体保护写进法律条本中，不仅保护文物的本体，还要完整地保护文物所依附的环境及非物质文化遗产，彰显了北京市对北京中轴线文化遗产保护的决心与力量，也体现了北京市从文物保护向文化遗产保护的工作转变。《条例》强调北京中轴线坚持整体保护原则，也成为目前文物或文化遗产保护地方专项法规的突出亮点，对全国的文物或大遗址保护管理都有引领、借鉴作用。

（四）《条例》确立了经依法批准的《北京中轴线保护管理规划》（以下简称《规划》）的法律地位

《条例》第二章以一个整章篇幅来设定《规划》的相关规定。第十一条规定"经依法批准的北京中轴线保护管理规划,是北京中轴线保护和管理的依据",明确赋予了《规划》的法律地位。这也是中轴线《条例》的一大特色。《条例》还明确了《规划》与其他相关规划的关系,第十二条规定"《规划》应当以北京城市总规、首都功能核心区详规为依据,纳入北京历史文化名城保护规划体系,明确北京中轴线的保护对象、保护要求、保护措施、保护目标以及在展示、利用、监测、研究等方面的要求",充分兼顾了与其他法规的衔接,体现多规合一的科学规划理念。《条例》还明确要求《规划》须明确划定中轴线遗产区、缓冲区及其相关管控要求。遗产区、缓冲区边界的划定,就意味着保护等级的确定。遗产区严格控制基建,进行严格的保护,缓冲区实施景观与风貌的保护。这为以后的保护可谓有章可循。此外,《条例》还就中轴线文化遗产的资源调查和保护监测报告制度,以及分类分区保护的措施和要求做了较为具体的规定。从法律层面上强化了对遗产地真实性、完整性的保护。上述关于《规划》的详细规定,从法律层面强化了《规划》在中轴线保护、传承、利用中的主要作用。

（五）《条例》突出对传承利用公众参与作出详细规定

文物保护的社会参与在以往相关的法规中其实是较少涉及的。而《条例》特别强调了这一点。《条例》对标《公约》有关保护和管理要求,本着优化首都功能、改善人居环境,促进经济社会和谐发展和民生改善与保障的立法思路,特别设立了"公众参与"的专章,以大量篇幅对传承利用和公众参与做了规定,体现了对传承利用和公众参与方面的重视。《条例》明确在保护优先的前提下,统筹推进国有不可移动文物、历史建筑采取不同形式向公众开放,鼓励、支持各级各类学校开展北京中轴线保护相关教育和教学活动,完善公共服务配套设施,为公众体验、感受北京中轴线魅力创造良好环境和条件,鼓励、支持单位和个人设立博物馆等公共文化设施,加强对中轴线保护区域内业态的引导,优化业态分布,培育和扶植符合北京中轴线遗产价值传承的业态发展;《条例》还明确本市设立中轴线文化遗产保护基金,鼓励、支持单位和个人对北京中轴线保护、修缮、展示、研究、交流和传承等活动提供资助;《条例》还特别规定了北京中轴线保护区域内的居民对遗产保护和利用工作有知情权、参与权和监督权。《条例》为促进社会公众参与并切实享受中轴线遗产保护传承成果提供了法律保障。通过公众的广泛参与,使中轴线文化遗产价值得到社会更广泛的认知和文化认同,发挥文化遗产滋养人们心灵、增强文化自信的作用,使公众能够更深刻地去理解中华民族或者整个人类文明历史的进程,以这样一个历史的观点去看待和参与到中轴线文化遗产保护行动中。切实发挥北京中轴线文化遗产的当代意义和价值,使遗产保护实现社会广泛参与、共治共享和可持续发展。

（六）《条例》高度关注解决中轴线申遗难点问题

《条例》的制定坚持问题导向。在广泛调研并借鉴国内外世界遗产保护管理及其立法经验的基础上,着力研究解决申遗保护利用和管理实际工作中的突出问题,通过《条例》明确给出解决问题的法律途径。例如:针对如何解决严重影响中轴线景观的超高层建筑物、构筑物或其他设施的降层拆除,以及对核心遗产区内非文物建筑的拆除、居民腾退等不符合中轴线保护管理规划要求等问题,《条例》第十七条明确提出"区政府或者产权单位可以依法通过申请式退租、房屋置换、房屋征收等方式组织实施腾退或者改造"。有了这样明确、具体的法律规定,填补或完善了以往法规的空缺,使下一步解决这类问题就有了清晰的路径,有法可依。

五、结语

毋庸置疑，《条例》是针对北京中轴线申遗所做的一项很重要的工作，是整个申遗工作中一个重要成果，是非常具有现实可操作性的法律文件，也是为遗产的保护提供了一个特别有力量的法律武器。在今后它的作用也会越来越重要。《条例》的颁布实施，是北京为保护遗产向世界做出的一种承诺，向世界显示北京已经把这些重要的文化遗产纳入到法治的管理轨道上，确保能够永续对它进行保护、传承。

《条例》是一次具有创新性的国内针对一处大型文化遗产保护在法律层面的探索与创新保护管理模式的实践。相信经过北京中轴线文化遗产保护实践，未来能够给国内类似的巨型文化遗产的保护起到一个好的示范作用，也相信北京这种保护的方法、保护的经验能够对世界遗产的保护、对国际社会类似的遗产保护对象积累一定的实践经验，创造出生动的"北京案例"。

（作者单位：北京市人民政府参事室）

玉泉山龙王庙与清代帝王祈雨活动

王晓静　　付　聪

玉泉山位于北京西郊颐和园西侧，因山麓之泉"水清而碧，澄洁似玉"被称为"玉泉"，山因此得名"玉泉山"。泉水自山间石隙喷涌，宛如玉虹，"玉泉垂虹"金代时即被列为燕山八景之一。金章宗曾建有玉泉山行宫和芙蓉殿，元明时期多位帝王来此游幸避暑，元世祖忽必烈在这里建成昭化寺，明英宗年间，山上建有上下华严寺等。

清代帝王在北京西郊大规模兴建离宫别苑"三山五园"，玉泉山静明园也名列其中，成为皇家行宫禁苑。清康熙十九年（1680）将玉泉山辟为行宫，名"澄心园"，康熙三十一年（1692）改名为"静明园"。清乾隆年间大规模扩建，形成"静明园十六景"，为静明园鼎盛时期。清乾隆十六年（1751），乾隆帝赐封玉泉为"天下第一泉"，并御定燕京八景名称，"玉泉垂虹"从此更名"玉泉趵突"。

从金至清，玉泉山一直为皇家禁苑，明、清两代的宫廷用水皆来自玉泉。民国时期，这里归颐和园管理，开始对民众开放，静明园内的玉泉亭、龙王庙等地方开设权记茶点社①，经营多年。1949年后，进行了大规模的修缮和绿化。1957年，静明园被公布为北京市文物保护单位。2006年，静明园被国务院批准列入第六批全国重点文物保护单位名单。

一、玉泉山静明园龙王庙建筑概况

玉泉山静明园中有龙王庙一座，位于玉泉山南坡、玉泉湖西侧，坐西朝东。静明园龙王庙，又称龙神祠、龙神庙，也称天下第一泉龙王庙。

玉泉山上寺庙古迹众多，但龙王庙始建于何时，明代及以前的史籍未记载，《帝京景物略》《天府广记》等晚明时期的书籍记录了玉泉山的名胜古迹及名人诗作，未见有关龙王庙的材料，可见明末时该庙似乎尚未兴建。

《钦定大清会典则例》卷八十四记载："玉泉龙神庙建于静明园内玉泉山。乾隆九年奉旨封京都玉泉山龙王之神为惠济慈佑龙神。十六年奉旨，玉泉山龙神祠易以绿琉璃瓦。又谕：京师玉泉，灵源浚发，为水德之枢纽，畿甸众流环汇，皆从此潆注。朕历品名泉，实为天下第一，其泽流润广，惠济者博而远矣。上有龙神祠，已命所司鸠工崇饰，宜列之祀典，其品式一视黑龙潭，该部具仪以闻。钦此。遵旨议准。谨按：玉泉出西山东流，环注京师，距通州合白潞以达于海，灵源浚发，流泽布惠，利赖于畿辅，实多允宜列之祀典。竢庙工完竣，照例遣礼部堂官一人往祭，并请敕赐鸿文勒石祠左，用以昭纪神功，春秋二祭，祭品仪礼均与祭黑龙潭龙神同。②"

《钦定大清会典则例》记载乾隆九年（1744）封玉泉山龙神，未记建庙事，又记乾隆十六年奉旨将龙神祠易以绿琉璃瓦，那么龙王庙在乾隆十六年已经存在，可能为乾隆九年封玉泉山龙神时所建，抑或更早。又据乾隆十七年（1752）《御制玉泉山天下第一泉龙神祠落成诗纪其事》诗，可知龙王庙修缮工程落成于乾隆十七年。诗曰："功德无双水，名称第一泉。合教崇庙貌，用以妥神筵。方落临佳令，肇禋卜吉躔。瓣香亲致敬，清酒命申虔。灵贶时旸雨，鸿庥利润瀍。黄图佑千载，壬养纪今年。③"该诗收录于《御制诗二集》，未署诗作时间。诗集按年月顺序编排，该诗前面诗作中提到"麦秋""端阳日""夏至"等，后面诗作提到"六月朔日"，麦秋一般指农历四五月，当年夏至在农历五月十日，据此推知龙王庙工程大概竣工于乾隆十七年五月十日后的五月某日。

关于玉泉山龙神的爵位，乾隆九年时，玉泉山龙神被封为惠济慈佑龙神，仅记封号，未详是否为王爵，乾隆十六年上谕载"其品式一视黑龙潭"④，可知至迟乾隆十六年时玉泉山龙神被封为王爵，载入祀典⑤。据《清史稿》记载，清代北京地区被列入国家祀典有四座龙王庙，即海淀黑龙潭龙王庙、玉泉山龙王庙、颐和园龙王庙（即广润祠）、密云白龙潭龙王庙，其中玉泉山龙神和黑龙潭龙神被封为王爵。

玉泉山龙王庙建筑，据《钦定大清会典则例》卷八十载："（乾隆）十六年奉旨，玉泉山龙神祠易以绿琉璃瓦。⑥"但《钦定大清会典（乾隆朝）》卷七十一则记作黄琉璃瓦，《光绪顺天府志》也转引了此则史料："玉泉龙神祠在京西玉泉山之麓，正殿三间，东向覆以黄琉璃，门楹丹腹，梁栋饰以金碧，其下玉泉趵突荡漾成湖，殿阶上下左右御书碑各二，燎炉一。⑦"

清乾隆年间张若澄所绘燕京八景之《玉泉趵突图》，画中龙王庙屋宇面阔三间，坐西朝东，一殿一卷歇山顶，上覆绿琉璃瓦。

玉泉山龙王庙建筑，正殿三间应是无疑，瓦面颜色则不同典籍记载有异，绿琉璃瓦说出自乾隆十六年圣旨，且有张若澄画佐证，当更为可靠。而《钦定大清会典（乾隆朝）》前文记述黑龙潭龙王庙的建筑为黄琉璃瓦，之后记玉泉山龙王庙建筑时，可能误将黑龙潭的黄琉璃瓦记为玉泉山龙神祠的瓦面情况。

《国家图书馆藏样式雷图档·香山玉泉山卷》（全二函）载有《玉泉山龙王殿大木立样》图样，其右方写明该建筑的样式为歇山顶。该图与张若澄所绘《玉泉趵突图》中的龙王庙一殿一卷歇山顶样式不同。由于张氏绘画不是界画，并非完全写实，《玉泉趵突图》所绘未必就是龙王庙的实际情形。

张宝章先生指出："在国家图书馆善本特藏部保存的样式雷图文档案史料中，有几十份是关于静明园的，但没有明确地注明年代。我认为，国家图书馆保存的样式雷史料，大部分是同治光绪年间的，乾隆嘉庆年间的很少。⑧"

笔者认为，样式雷的静明园龙王庙图档，即便是同光年间所绘，对前代图样或应有所因循。那么龙王庙建筑，存在两种可能：一是乾隆时期为面阔三间一殿一卷绿琉璃瓦歇山顶，同光时期将一殿一卷歇山顶改为歇山顶；二是从建庙开始一直为样式雷图档中歇山顶式样，即面阔三间绿琉璃瓦歇山顶式建筑。

我们至今能看到的最早的龙王庙图像是喜仁龙1921年所拍⑨，20世纪30年代《旧都文物略》图版中也有龙王庙建筑，从两书收录照片可以看到龙王庙位于高台之上，坐西朝东，面阔三间，硬山顶。

据《玉泉昔日此垂虹，不改千秋翻趵突——燕京八景之玉泉趵突》⑩一文所载图版，玉泉山龙王庙近来新修，面阔三间，硬山顶，灰色筒瓦，面阔三间，与二十世纪二三十年代龙王庙建筑一致。从图版可以看出，龙王庙坐西朝东，建于高台之上，庙前高台上稍偏北处有立碑一通即《玉泉趵突碑》，高台下方即面东的墙壁上，嵌有石碑两通，北为《天下第一泉碑》，南为《御制玉泉山天下第一泉记碑》，石刻前方砌筑一个圆形水池，池面能看到泉水汩汩。圆形水池紧邻着玉泉湖，湖即玉泉泉水流溢而形成的。2021年现存石刻三通，与图版相合。

龙王庙建筑何时由歇山顶改为硬山顶呢？

静明园一直为皇家禁苑，民国以来，根据《清室优待条件》，静明园等皇家园林仍然归清室所有，直至1928年静明园成为公园正式向公众开放，在两百年的历史中，遭受了两次劫难。一是咸丰十年（1860），英法联军抢劫焚烧了玉泉山静明园；二是光绪二十六年（1900），因遭受八国联军劫掠，玉泉山变成一座废园。这两次劫难中龙王庙建筑是否遭到焚毁，不得而知。查《清实录》，咸丰十一年（1861）二月，派官员到静明园龙王庙拈香祭祀；同治元年（1862）二月、同治十三年（1874）二月等派官员到静明园拈香祭祀；同治六年（1867）五月、八月，同治十年（1871）三月、四月、五月等多次派官员到玉泉山祈雨；光绪二年（1876）、光绪四年（1878）派官员到静明园拈香。1860年后清政府官员多次来静明园龙王庙祭祀或祈雨，推知龙王庙即便在1860年遭到焚毁，也应很快得以重建。而1901年后，笔者翻阅《清实录》，暂未查到派官员祭祀或求雨的史料。光绪三十三年（1907）出版的《清末北京志资料》载："湖畔有龙王庙，由此循石径可入竹炉山房"⑪，可见1907年时龙王庙建筑尚在，不知是未遭劫难还是1900年后重建。

龙王庙建筑由歇山顶改为硬山顶，应与1860年和1900年这两次劫难有关，如果样式雷龙王庙图样为同光时期重修的图档，那么龙王庙可能在1900年时又遭兵燹，现存的硬山顶建筑为1900年后重修时所改。

龙王庙的房檐上还悬挂三方匾额，吴质生《玉泉山名胜录》载："龙王庙在玉泉之上，额曰永泽皇畿，其内檐额有二，一曰灵源昭应，一曰灵源广润，乃清穆宗

御书。因同治间天时亢旱，穆宗诣此祷雨获应，故书额以答神庥。"⑫

题额"永泽皇畿"为乾隆皇帝御书，《日下旧闻考》卷八十五有记载："虚受堂之西，山畔有泉，为玉泉趵突，其上为龙王庙。⑬"其后按语曰："御题龙王庙额曰'永泽皇畿'"⑭。

内檐题额"灵源昭应""灵源广润"，《玉泉山名胜录》记载为同治帝御书。

民国二十四年（1935）李慎言《玉泉山—静明园》载："庙上有匾，写'永泽皇畿'四字，是同治的御笔。⑮"该文因记载十年前游览玉泉山事，将乾隆御笔误做同治御笔。

张宝章在《静明园述往》则记载内檐两额为光绪帝御书："龙王庙经过整修，'永泽皇畿'的门额依旧赫然醒目，内檐两额却是由光绪帝载湉新题制匾悬挂壁端的，一是'灵源昭应'，一是'灵源广润'。这两块匾是载湉到龙王庙来祈雨获应，献匾以答谢龙神的。⑯"

龙王庙内檐的匾额究竟是哪位皇帝题写？查阅《清实录》及《清朝续文献通考》等，未见同治帝和光绪帝亲诣玉泉山祈雨及赐匾额的记载。民国时期，匾额仍在，吴质生与李慎言所记应是亲眼所见，李氏虽然误记，但也提到了同治帝。龙王庙匾额如今也不知在何处，张宝章先生既不可能亲眼观到，也没有提及其资料来源，笔者认为龙王庙内檐两额的书者应当以吴质生记载为是。

二、玉泉山龙王庙现存石刻情况

玉泉山龙王庙现存石刻三通，即龙王庙前高台上的《玉泉趵突碑》，高台下方墙壁上所嵌《天下第一泉碑》和《御制玉泉山天下第一泉记》碑。

翻检文献，可知玉泉山龙王庙前原有石刻四通。《日下旧闻考》卷八十五记

载："玉泉趵突为十六景之一，亦为燕山八景之一。旧称玉泉垂虹。第垂虹以拟瀑泉则可，若玉泉则从山根仰出，喷薄如珠，实与趵突之义允合。详见御制玉泉趵突诗，并御制天下第一泉记。记文已恭载形胜卷内。泉上碑二，左刊天下第一泉五字，右刊御制玉泉山天下第一泉记，（臣）汪由敦敬书。石台上复立碣二，左刊玉泉趵突四字，右勒上谕一通。御题龙王庙额曰永泽皇畿。⑰"

原立于龙王庙前高台偏南处的上谕碑今已不存。据《日下旧闻考》卷八十五，所佚碑刻内容如下："乾隆十六年闰五月二十九日奉上谕：京师玉泉，灵源浚发，为德水之枢纽，畿甸众流环汇，皆从此潆注。朕历品名泉，实为天下第一。其泽流润广，惠济者博而远矣。泉上有龙神祠，已命所司鸠工崇饰，宜列之祀典。其品式一视黑龙潭，该部具仪以闻。⑱"《钦定大清会典则例》也记载了该上谕内容，二者对照，《日下旧闻考》记载"泉上有龙神祠"，《钦定大清会典则例》少一"泉"字，余文皆同。

玉泉山龙王庙前的四通碑，碑文撰写时间均在乾隆十六年，未署立碑年月。据《钦定大清会典则例》卷八十四载："竣庙工完竣，照例遣礼部堂官一人往祭，并请勅赐鸿文勒石祠左，用以昭纪神功"，可知四碑的立碑时间应在龙王庙落成后，即乾隆十七年五月。

现存三碑详情如下：

1.《乾隆御笔天下第一泉碑》

碑嵌于龙王庙前高台下方墙壁偏北处，面向东方。碑身居中竖刻行书"天下第一泉"文字一行，其左侧偏下处自上而下钤印两方，上印阴文篆书"乾隆辰翰"，下印阳文篆书"陶冶性灵"。碑未署年款，据《御制玉泉山天下第一泉记》，碑文书写于清乾隆十六年六月。碑文从略。

2.《御制玉泉山天下第一泉记碑》

碑嵌于龙王庙前高台下方墙壁偏南处，面向东方。碑文正书，汉文、满文合璧。首题"御制玉泉山天下第一泉记"，汪由敦奉敕敬书，碑文书写于清乾隆十六年六月。碑文从略。

3.《乾隆御笔玉泉趵突碑》

碑立于龙王庙前高台偏北处，坐西朝东。碑阳居中竖刻行书"玉泉趵突"文字一行，其上钤印一方，阴文篆书"乾隆御笔"，未署年款。碑阴刻乾隆十六年初秋御制诗一首，文字五行，行书，诗末行下方钤印两方：上印阴文篆书"乾隆辰翰"，下印阳文篆书"陶冶性灵"。碑身阳、阴均书写于清乾隆十六年七月。

碑阳额、阴额及两侧刻乾隆御笔诗四首，为后来补刻。情况如下：

碑阳额：题御笔诗"诣玉泉山龙祈（作者按：碑别字，应为神之误）祠祈雨之作"，行书，乾隆五十七年（1792）仲春月御笔。

碑阴额：题御笔诗"诣玉泉山龙神祠祈雨之作一首"，行书，乾隆五十七年孟夏下澣御笔。

侧一（北侧）：题御笔诗"诣玉泉祈雨作"，首行题"地灵"行书，乾隆二十八年（1763）四月六日御笔。诗刻文字四行，诗后钤印两方，上印阴文篆书"所宝惟贤"，下印阳文篆书"乾隆御笔"。

侧一（南侧）：题御笔诗"龙神祠请雨作"，首行题"农功"，行书，乾隆五十一年（1786）孟夏中澣御笔。诗刻文字三行，诗后钤印两方，上印阴文篆书"古稀天子之宝"，下印阳文篆书"犹日孜孜"。

碑文如下：

碑阳：玉泉趵突

碑阳额：命华临仲月」升香」第一泉。望孤雪培麦，潝」切雨滋田。祈也非游」也，殷然更怩然。颙希甘霈霈，渥似昨辛年。诣玉泉山」龙祈（作者按：碑别字，应为神之误）祠祈雨之作。」壬子仲春月□澣」御笔。」

碑阴：玉泉昔日此垂虹，史笔谁真

感慨中。」不改千秋翻跕突，几曾百丈落云空。」廓池延月溶溶白，倒壁飞花澹澹红。笑」我昔尝传耳食，未能免俗且雷同。乾隆辛未初秋御题。」

碑阴额：黑龙潭」致请，弗应又过」旬。」第一泉来祷，未蒙回忆春。」迤南膏渐霂，近北泽犹屯。」腼面申诚愫，优霈」惠我民。」诣玉泉山」龙神祠祈雨之作一首。」壬子孟夏下澣」御笔。」

侧一（北侧）：地灵」神所宅，祷雨每亲来。又值虔祈矣，真成惭愧哉。麦临秋待实，稻」入夏初栽。惕若瞻」天宇，何时霈泽恢。」癸未四月六日诣玉泉祈雨作，御笔。」

侧一（南侧）：农功适经览，麦垅正菁葱。以足望登稔，越因祈切衷。十朝虽可」待，一意更增忡。春月泽频被，所期惧蹈空。第一泉」龙神祠请雨作，丙午孟夏中澣御笔。」

三、玉泉山龙王庙与天下第一泉

众所周知，龙王庙是奉祀龙王和祈雨的场所，但玉泉山龙神被封王爵，建庙奉祀，并非是祈雨灵应，而是因为玉泉水质甘美，被乾隆帝评为"天下第一泉"。

清乾隆十六年，乾隆帝对天下名泉进行了评判，其评判标准是以水质轻重来评判泉水高下。乾隆帝命人用特制的银斗称量他曾经巡跸的天下名泉，结果是玉泉山泉水斗重一两，塞上伊逊之水（发源于承德市围场县）亦斗重一两，济南珍珠泉斗重一两二厘，金山泉斗重一两三厘，惠山泉、虎跑泉比玉泉重四厘，平山泉比玉泉重六厘，清凉山、白沙、虎丘及西山碧云寺泉比玉泉重一分。经过称量和比对，乾隆帝将玉泉定为"天下第一泉"，并封玉泉山龙神为王爵，列入国家祀典。记载封王的上谕被镌刻于龙王庙前高台上的石碑上（今碑已佚）。

乾隆十六年六月，乾隆御笔书写了"天下第一泉"，并御制《玉泉山天下第

一泉记》。"天下第一泉"五个擘窠大字，行书，为乾隆帝亲笔书写；《玉泉山天下第一泉记》详细记述品评天下名泉的标准和经过，从"御制"一词可知碑文由汪由敦代笔撰文并书丹。题字和记文均被摹勒上石，分别嵌于龙王庙前高台下方墙壁上。

乾隆十六年七月，乾隆帝又御笔题写"玉泉趵突"四个擘窠大字，行书，并题诗一首，也镌于碑并立于龙王庙前的高台上。

乾隆帝此次的评泉活动影响深远。他动用国家力量，采取了统一的评判标准，所品评的泉水，涉及的地域广阔，不仅有南方的名泉，也有北京和塞上的名泉，展示了一个大一统国家领土的广袤和文化的自信。此次评泉活动是北京西郊"三山五园"营建历史上重要的事件，极大地提升了玉泉山水的知名度，玉泉山水从北京的地方名胜一跃而成为天下名胜，这也极大地提升了京城山水名胜的地位和影响，意义深远。

《日下旧闻考》载："自金明昌中始有燕山八景之目。[19]"玉泉山的玉泉，从金代以来一直为北京胜景，以"玉泉垂虹"而名列燕山八景之一。清代时燕山八景又称作"燕京八景"。乾隆评定玉泉为"天下第一泉"后，仔细考察玉泉之水，认为"玉泉垂虹"口耳相传，言过其实，"玉泉趵突"更为恰当。因此，乾隆十六年七月，乾隆帝将燕京八景之"玉泉垂虹"改为"玉泉趵突"，并立碑记之。张宝章先生说："玉泉趵突一景是静明园的灵魂"，所言极是。

四、清代帝王玉泉山龙神祠祈雨活动与大雩礼

玉泉山龙神被封王，并列入祀典，为乾隆十六年事。据《钦定大清会典则例》："竣庙工完竣，照例遣礼部堂官一人往祭，并请敕赐鸿文勒石祠左，用以

昭纪神功，春秋二祭，祭品仪礼均与祭黑龙潭龙神同。[20]"玉泉山龙神的春秋二祭，始于乾隆十七年五月龙王庙落成后。

《清史稿》卷八十二记载："大祀十有三：正月上辛祈谷，孟夏常雩，冬至圜丘，皆祭昊天上帝……群祀五十有三：……春、秋仲月祭黑龙、白龙二潭暨各龙神，玉泉山、昆明湖、河神庙、惠济祠……等祠。[21]"可知清代每年农历二月、八月祭祀黑龙潭、玉泉山、白龙潭、昆明湖等龙神，属群祀。

《钦定大清会典（乾隆朝）》卷四十八记载了祭祀礼仪：

"凡祭黑龙潭龙神之礼，岁以春秋诹吉遣官致祭昭灵沛泽龙神于都城北三十里金山之麓，神位东向，帛一、羊一、豕一、铡二、箟二、篹二、笾十、豆十、尊一、爵三、炉一、镫二，和声署设乐，承祭官朝服行礼如仪。[22]""凡祭玉泉龙神之礼岁以春秋诹吉遣官致祭惠济慈佑龙神于玉泉山，神位前陈设及祭仪均与祭黑龙潭龙神礼同。[23]"

祭祀玉泉山龙神的音乐用"群祀庆神欢乐"。《清史稿》卷九十六载："群祀庆神欢乐：乾隆七年定，每岁祭先医於景惠殿，火神庙、显佑宫、关帝庙、都城隍庙、东岳庙、黑龙潭龙神祠、玉泉龙神祠、兴工祭后土、司工之神、迎阳祭窑神、门神皆用之，三献三奏。[24]"

关于玉泉山龙神祠的管理，《清朝文献通考》卷一百五载："（乾隆）二十五年谕：岁祭玉泉山龙神，改遣内务府圆明园大臣行礼致祭仪，致祭玉泉山龙神祠与黑龙潭庙同日。……行礼之仪均与黑龙潭同。[25]"

从上述材料可知，玉泉山龙神祭祀礼仪的规格、日期、所用音乐及管理官员等均与黑龙潭龙神相同。

玉泉山龙神祠落成之后，除了每年由官员（乾隆二十五年开始改派内务府圆明园大臣）春秋祭祀外，乾隆帝多次亲诣祈雨、谢雨，之后的嘉庆、道光、咸丰等皇帝也亲诣玉泉山祈雨，从而使这里成为清代帝王亲诣祈雨的重要场所之一。

玉泉山自金代以来为皇家禁苑，龙王庙的建造时间大概在乾隆九年，乾隆以前的文献和碑刻尚未见有在此祈雨的记载，玉泉山龙王庙的兴建及在此举行的祈雨活动以及帝王的亲诣祈雨应与清乾隆七年（1742）议定的大雩礼有关。

《皇朝通典》卷四十二载："古者龙见而雩，以为百谷祈膏雨，是孟夏之雩，乃每岁常行之典。至遇旱而祷，则为大雩。我朝列圣相承，旰食宵衣，勤求民瘼。凡遇水旱，躬诣圜丘祈祷，即古之大雩之义。乾隆七年，上命礼臣集议定制，每岁孟夏行常雩礼仪与冬至大祀同。旱至季夏，祈祷既遍，乃奉特旨敬举大雩，所以为民请命者，益致精虔敬稽典制，详载于篇。又，凡祈雨之事义与雩同。[26]"

清代每年孟夏举行的常雩为大祀，祭昊天上帝。遇旱而祷，则为大雩，大雩礼是遇到水旱时奉特旨举行。

又据《钦定大清通礼》卷一："大雩之礼，孟夏常雩后不雨，既遍祈天神、地祇、太岁、社稷，三复仍不雨，乃诹吉修大雩礼于圜丘。[27]"

玉泉山祈雨即属于"遇旱而祷"，是大雩礼中遍祈群神的一个环节。

清代帝王亲诣玉泉山祈雨始自乾隆帝。《乾隆玉泉山静明园诗》收录了自乾隆二十一年至嘉庆三年间祈雨、祈雪、祈晴及谢雨等御制诗23首，记述了乾隆帝13个年份祈雨、祈雪活动22次，包含了乾隆帝在位期间的10个年份14次活动，太上皇期间的3个年份8次活动。其中，乾隆二十八年（1763）四月六日，乾隆五十一年（1786）孟夏，乾隆五十七年（1792）仲春、孟夏的这四次祈雨诗作，刻于《玉泉趵突碑》的阳额、阴额及两侧。由这些御制诗可知，一次完整的祈雨活动，包含了祈雨及谢雨活动。

乾隆帝亲诣玉泉山祈雨的次数仅次于其亲诣黑龙潭的次数。据统计，黑龙潭现存碑刻中所载的乾隆帝祈雨、谢雨诗，记录了乾隆帝32个年份43次亲诣黑龙潭祈雨或谢雨活动，包含乾隆年间的29个年份40次活动及太上皇期间的3个年份3次活动。

同样被列入祀典的颐和园广润祠，重修于乾隆十五年（1750），据《乾隆御制诗文集》初步统计，乾隆帝仅有三首祈雨诗，分别作于乾隆五十一年、五十七年、五十九年，均为其晚年所作。远在密云的白龙潭龙神祠，干旱时朝廷多次派遣官员前往白龙潭祈雨，乾隆帝也曾经亲往瞻礼并留下诗作，但与祈雨活动无关，笔者暂未见清代其他帝王亲诣祈雨的记载。

乾隆帝是清代大雩礼的制定者和实践者，多次到黑龙潭、玉泉山亲诣祈雨。乾隆帝亲诣黑龙潭和玉泉山祈雨，凸显了祷龙神祈雨在清代大雩礼中居于重要地位，也对后来的嘉庆、道光等帝王亲诣玉泉山、黑龙潭祈雨活动有示范作用。乾隆帝如此重视并热衷于亲诣祈雨活动及大雩礼，一方面是因为雨水关乎农业收成，另一方面也是为了在臣民中树立其为民请命、勤政爱民的形象，正如《皇朝通典》所言："我朝列圣相承，旰食宵衣，勤求民瘼。"

特别值得指出的是乾隆帝当上太上皇后，多次到玉泉山、黑龙潭亲诣祈雨。如嘉庆元年（1796）乾隆帝三次亲诣玉泉山龙神庙，一次祈雪，一次祈雨，一次谢雨；同年他亲诣黑龙潭祈雨一次，谢雨时特地指出"命子皇帝诣黑龙潭谢雨"（见黑龙潭第二层平台北侧碑亭内《乾隆御制诗碑》）。嘉庆二年（1797），乾隆帝三次亲诣玉泉山龙神庙，两次祈雨，一次谢雨；同年，他亲诣黑龙潭祈雨一次。嘉庆三年（1798），他两次亲诣玉泉山龙神庙，一次祈雪，另一次祈雨。乾隆帝退位后的一系列祈雨活动，正如他一枚印章所言"归政仍训政"，诚然是恋栈心态的体现，同时也表明乾隆帝对亲诣祈雨活动及大雩礼的重视，并冀希清代帝王"旰食宵衣，勤求民瘼"的思想和行为能够代代传

承下去。

乾隆帝之后的清代帝王，也多次到玉泉山亲诣祈雨。

翻检史书，嘉庆帝三次亲诣玉泉山祈雨：

《清朝续文献通考》卷一百五十七所载嘉庆六年（1801）上谕中提及玉泉山祈雨事："夏至以后因雨泽较少，本月十七日朕亲诣虔诚默祷。[28]"

《静明园述往》第293页收录两首嘉庆帝祈雨诗，记录了嘉庆帝同一年两次亲诣玉泉山祈雨，未署年款。

道光帝三次亲诣玉泉山祈雨：

《静明园述往》第295页收录道光帝一首祈雨诗，未署年款。

奕绘《明善堂文集》载："（道光十四年）三月二十，上祷雨于玉泉，次日大雨竟夜。[29]"

《清朝续文献通考》卷一百五十一记道光十八年（1838）亲诣黑龙潭及玉泉山祈雨事："十八年闰四月丙子，上诣黑龙潭祈雨；癸巳，上诣静明园龙神庙祈雨。[30]"

咸丰帝一次亲诣玉泉山祈雨：

《清朝续文献通考》卷一百五十一："（咸丰）九年三月甲申，上诣静明园龙神庙祈雨。[31]"

之后的同治、光绪、宣统等皇帝，均未见有亲诣玉泉山祈雨的记载。

从清代北京地区四座龙神庙被列入国家祀典，到清代帝王多次亲诣玉泉山、黑龙潭等地的龙神庙祈雨，可以看出，龙神庙祈雨特别是帝王亲诣龙神庙祈雨是清代大雩礼的一个重要环节。乾隆帝不仅是清代大雩礼的制定者，也是积极的实践者。遇到水旱灾害，乾隆帝不仅派官员到各处祈雨，还多次亲诣黑龙潭、玉泉山龙神祠祈雨。在他的影响下，嘉庆帝、道光帝也多次亲诣黑龙潭和玉泉山祈雨。清代帝王的祈雨活动及相关诗文和典籍，为研究清代的大雩礼提供了珍贵的史料。清代帝王重视大雩礼和亲诣祈雨活动，"列圣相

承，旰食宵衣，勤求民瘼"，也可以说是其为民请命、勤政爱民思想的一种体现。

---

① 见北京市档案馆民国档案J021-001-01365 "刘国权续租静明园玉泉亭龙王庙等地开设权记茶点社"。

② 《景印文渊阁四库全书》第622册《钦定大清会典则例》，台湾商务印书馆，2008年，第629—630页。

③ 《清代诗文集汇编》320册（乾隆）《御制诗二集》，上海古籍出版社，2010年，第610页。

④ 《日下旧闻考》，北京古籍出版社，2001年，第1413页。

⑤ 作者注：据清乾隆三年《黑龙潭上谕碑》（现立于黑龙潭龙王庙），乾隆三年五月十六日，黑龙潭龙神 "勅封为昭灵沛泽龙王之神，制造神牌供奉，每岁春秋致祭，载入祀典"。

⑥ 《景印文渊阁四库全书》第622册《钦定大清会典则例》，台湾商务印书馆，2008年，第629页。

⑦ 《景印文渊阁四库全书》第619册《钦定大清会典（乾隆朝）》（乾隆二十六年修），台湾商务印书馆，2008年，第662页。

⑧ 《静明园述往》，中央文献出版社，2012年，第119页。

⑨ 作者按：1921年，喜仁龙得到民国总统特许，考察了民国政府驻地中南海、北京的城墙与城门，并在溥仪的陪同下，进入故宫实地勘察和摄影。1926年喜仁龙出版了《中国北京皇城写真全图》，收录了一些静明园照片，其中有龙王庙建筑照片。2017年广东人民出版社出版了《遗失在西方的中国史：老北京皇城写真全图》上下册，上册即《中国北京皇城写真全图》。

⑩ 《时尚北京》，2018年6月5日。

⑪ 《清末北京志资料》，北京燕山出版社，1994年，第25页。

⑫ 《玉泉山名胜录》，斌兴印书局，1931年，第9页。

⑬ 《日下旧闻考》，北京古籍出版社，2001年，第1413页。

⑭⑱ 《日下旧闻考》，北京古籍出版社，2001年，第1414页。

⑮ 《静明园述往》，中央文献出版社，2012年，第309页。

⑯ 《静明园述往》，中央文献出版社，2012年，第120页。

⑰ 《日下旧闻考》，中央文献出版社，2012年，第1413页。

⑲ 《日下旧闻考》，中央文献出版社，2012年，第116页。

⑳ 《景印文渊阁四库全书》第622册《钦定大清会典则例》，台湾商务印书馆，2008年，第629—630页。

㉑ 《清史稿》，中华书局，1976年，第2485页。

㉒㉓ 《景印文渊阁四库全书》第619册《钦定大清会典（乾隆朝）》（乾隆二十六年修），台湾商务印书馆，2008年，第426页。

㉔ 《清史稿》，中华书局，1976年，第2841页。

㉕ 《清朝文献通考》，商务印书馆，1936年，第5777页。

㉖ 《清朝通典》，商务印书馆，1935年，第2249页。

㉗ 《景印文渊阁四库全书》第655册《钦定大清通礼》，台湾商务印书馆，2008年，第46、47页。

㉘ 《清朝续文献通考》（第二册），商务印书馆，1936年，第9121页。

㉙ 《明善堂文集校笺》，天津古籍出版社，1995年，第273页。

㉚ 《清朝续文献通考》（第二册），商务印书馆，936年，第9096页。

㉛ 《清朝续文献通考》（第二册），商务印书馆，1936年，第9098页。

（作者单位：北京石刻艺术博物馆）

清代北京地区民间大额交易中铜钱的兴衰及原因

王显国

一、清代铜钱的使用及其研究现状

清代，政府实行以银为主、以钱为辅的货币政策。白银是贵金属货币，体积小，价值高，属于大额货币；铜钱（含铜元）以铜、锌为币材，价值较低，是小额货币。清初，二者分别用于不同的市场层级，形成大额交易使用白银、小额交易使用铜钱的货币流通格局。

民间交易中，大额与小额并没有明确的划分标准。雍正年间，规定"民间贸易价值在（银）一钱以内者，听其零星用钱；自一钱以外者，一切买卖不许要钱。务使银钱两用"①。该规定以白银一钱（约兑换铜钱100文）为标准，超过这一金额者，只许使用白银，应属大额交易；低者，方可使用铜钱，显然为小额交易。乾隆年间，铜钱的使用范围略有扩大。如，乾隆八年（1743），刑部侍郎署福建巡抚周学健奏称："臣酌定章程：凡买卖交易，（银）一两以下者，准银钱兼用；一两以上止许用银。典当出入银钱，亦照此例"②。乾隆十四年（1749），两江总督黄廷桂因"江右省城典铺质物，皆用银不用钱……应令一两以外者仍用银。一两以内者均用钱"③。福建、江苏等省民间交易、典当等，以白银一两（约值铜钱1000文）为界限，是前述标准的10倍，即金额低于银一两的为小额交易。北京地区也有类似的货币使用习惯。如，光绪十八

年（1892）醇亲王府年节赏赐账单中，金额在银一两及以上者，均赏给白银；低于一两者，则赏赐铜钱④。可见，北京与福建、江苏一样，也以白银一两为大额交易的最低标准。

作为小额交易货币，铜钱与普通百姓日常生活息息相关。如《真正的中国佬》描述："在中国的任何一个城市或者村镇，人们最常见的景象是，一名男子或者一名女子一手拿着三四文铜钱，另一只手里拿着几只粗瓷器具，一脸庄重威严地走在大街上，去购买家庭日常所需的柴米油盐。他们的开支情况通常如下：木炭，一文钱；米或者面，两文钱；青菜，一文钱。⑤"可以说，铜钱是升斗小民不可或缺的货币。京城官民日常消费同样使用铜钱。如何刚德记载："余同年李少林（锡彬）同部，直隶人也，以直隶印结费（清代京官为同乡签署担保书而获得之收入）之微，每自诉情况曰：'余家平常不举火，上下四人，晨兴以一钱市开水，盥饮俱备。早晚两餐，四人食馒首四斤。加以葱酱小菜，且不过京钱一千有零。每银一两，可易京钱十五六千'。⑥"该京官薪俸、印结费为白银，需兑换成铜钱用于日常开支，白银一两兑换京钱1500—1600文，大致满足四口之家半个月生活消费。小京官尚且如此，普通百姓家庭生活支出会更低。

不过，铜钱和白银均为合法货币，且无主币、辅币之分，故铜钱也可以用于民

· 16 ·

间大额交易。由于各地货币供给及使用习惯不同，铜钱的使用范围及比例也有较大差异。如，1904年张之洞概括货币使用情况，"大率两广、滇、黔及江、浙至沿海口岸市镇，则用银者什之七八，用钱者什之二三。其上游长江南北之口岸市镇，则已银钱兼用。若长江南北之内地州县，则银一而钱九。至大河南北各省，则用钱者百分之九十九，用银者百分之一二。合计中国全国仍是银铜并用，而用铜之地十倍于用银之地"[7]。由此，清末形成了南方重银、中部银钱兼用、北方以钱为主的货币流通格局。其中，铜钱成为大额交易货币，且由南往北铜钱的使用比例呈现逐渐增大的特点。

北京是北方乃至全国经济重镇，民间大额交易中铜钱的使用范围较广。北京作为清代首都，铜钱、白银的供给均较大。一是铜钱的铸造。北京设立户部宝泉、工部宝源两个钱局，延续时间长，铸币数量大。如道光初年，全国各省铸造铜钱之和约为250万串，其中宝泉局、宝源局铸钱量分别约为90万串、40万串，占全国产量的一半[8]。宝泉、宝源局所铸铜钱，主要通过发放军饷、官俸、工匠工料费、兑换等方式进入市场流通，为铜钱的使用提供了物质基础。二是白银汇集之地。北京地区不产银，但每年有各省大量税银解运大清银库。如，乾隆元年至三十九年（1736—1774），户部银库每年实际存银数量在2746万—7894万余两[9]。此外，北京各省商人、官员云集，尤其三年一次科举考试的举人数量较大，带来了大量白银。北京独特的政治、经济地位，决定了白银、铜钱的供给远大于其他地区，并对民间大额交易货币组成产生较大影响，形成本地货币使用特点。

近年来，学者对清末民间交易中铜钱的使用问题进行较多研究，并取得系列成果。一是民间交易中铜钱的使用比例及变化情况研究。例如，王育茜等利用万余件明清徽州契约，对明清时期民间交易中

货币的使用情况进行分析，进而探讨了该地货币交易的历史文化因素[10]；李红梅结合土地文书及文献资料分析清代京师、福建、安徽等民间大额交易所用货币的地域差异，论及京师房契中白银和铜钱的使用及变化情况[11]。二是民间交易所用"钱法"的研究。其中，关于东钱的研究较多。如，程鹏对东钱的定义、流通区域、与制钱比价等问题进行分析[12]；石涛通过对朱批和录副奏折的整理，分析了东钱表现形式与演变、东钱的衰亡等问题[13]；赵士第等《清代"东钱"问题再探》一文对东钱的行用区域、与小数钱关系、东钱来源及形制等进行探讨[14]。京钱作为北京地区通行的钱法，其形成及使用情况研究也较深入。如彭凯翔通过对国家图书馆藏清代火神会及火祖会账本中货币的梳理，探讨了京钱的记账本位币性质及价值演变，进而分析了近代北京的货币体系[15]；《"京钱"考》一文对京钱与清初三折短陌钱的关系、京钱行用与形成问题进行考证[16]；笔者利用首都博物馆馆藏清代契约，探讨了京钱名称、使用情况及短陌等问题[17]。

有关清代北京地区民间大额交易中铜钱的使用问题，尚待进一步研究，如铜钱使用比例的变化、城乡差别等。本文以首都博物馆馆藏清代契约为基础，结合其他文献资料及已有研究成果，探讨北京及附近州县地区（现北京市）铜钱在大额交易中作用、演变及原因等问题。

二、北京地区民间大额交易中铜钱的作用及变化

清代，北京地区房地产交易涉及金额较大，从白银数两至数千两，或铜钱数十吊至上万吊不等，显然属于民间大额交易。该地区房、地契约存世量较大，时间延续性较强，且多注明交易所用货币种类及金额，是研究民间大额交易货币及变化的第一手资料。

表一　清代北京地区房契、地契中铜钱使用情况统计

契约数量及比例 ＼ 年号	顺治	康熙	雍正	乾隆	嘉庆	道光	咸丰	同治	光绪	宣统	总计
契约总数量（件）	25	97	44	463	355	615	281	364	987	311	3542
铜钱类契约数（件）	0	0	0	104	209	377	188	189	247	88	1402
铜钱类契约比例（%）	0	0	0	22.5	58.9	61.3	66.9	51.9	25	28.3	—

资料来源：首都博物馆馆藏契约、张小林《清代北京城区房契》书中收集契约。

首都博物馆馆藏清代房契、地契数量较多，涵盖北京及附近州县地区（现北京市），如通州、顺义、房山等。本文抽查馆藏清代各时期契约2157件，其中顺治至乾隆朝契约较少，均被抽样统计；嘉庆朝至宣统朝契约数量较多，仅按比例随机抽样200—600件。此外，张小林收集了中国社会科学院近代史研究所、图书馆、档案馆、大专院校图书馆等清代京城房契等共计1385件，并归纳出每件房契的种类、签约时间、交易价格、使用货币种类等信息，为本文提供了丰富的资料。上述契约所用货币主要有白银和铜钱，以及少量的银票和钱票。银票、钱票是白银、铜钱的代用券，随时可兑换成现白银、铜钱，可以视为白银或铜钱。

为分析铜钱在民间大额交易中使用情况，本文将馆藏及张小林收集契约按朝代进行梳理，并统计出各时期契约总数、铜钱类契约数量及比例等（表一）。由于各时期契约存世量不同，如清早期契约数量相对较少，且各朝持续时间也长短不一，故各时期契约总数及铜钱类契约数量差别也较大。不过，各时期均计算出铜钱类契约所占比例，尽量减少总量变化带来的影响。以上契约数量较大，包括北京城区及附近州县，基本反映了北京及周边地区民间大额交易中铜钱的使用情况。

清代北京地区3542件房契、地契中，以铜钱为交易货币的契约1402件，约占总数的39.6%，说明铜钱是民间大额交易货币的重要组成部分。从交易金额看，铜钱与白银的使用并无明显区别。以道光朝京城房契为例，铜钱类房契交易金额为京钱30—12000吊。道光至咸丰初年，京钱2—3吊约折合白银一两[18]。以京钱3吊折银1两计，该类房契交易金额折合成白银，约为10—4000两。其中，金额低于京钱1500吊（折银500两）的交易约占84.2%，1500—3000吊（折银500—1000两）的交易约占9.3%，超过3000吊者约为6.5%。白银类房契交易金额在银20—10000两，其中500两以下、500—1000两、1000两以上的交易比例分别为79.7%、7.3%、13%，与铜钱类契约交易金额分布较为接近。由此，道光时期京城房产交易，铜钱的使用未出现金额限制。不过，金额极大（如超过白银4000两）的交易更倾向于使用白银。其他时期如乾隆朝、嘉庆朝、咸丰朝等京城房契，铜钱的使用与道光朝类似。可见，清代北京地区民间大额交易中铜钱、白银并重，二者的使用与交易金额关系不大。

由表一数据可知，清代各时期契约中铜钱的使用比例有较大不同。顺治朝至雍正朝（1644—1735），民间房、地交易仅使用白银。乾隆朝（1736—1795），铜钱开始用于民间大额交易，所占比例较低。乾隆前半期契约中仅有零星使用，比例约占8.1%；乾隆后半期铜钱比例增至29.7%。嘉庆朝至同治朝（1796—1874），铜钱使用比例激增，超过了白银货币使用比例。其中，嘉庆朝铜钱比例超过五成，咸丰时期达到66.9%，成为民间大额交易的主流货币。光绪朝至宣统朝（1875—1911），铜钱比例快速下降，再次退居次要地位。与清初不同，该时期契约中铜钱比例约占二成至三成，形成了以银为主、银钱并重的局面。总之，铜钱在民间大额交易中的使用，经历了从低到高再转低的过程。

其他地区也出现类似现象。如安徽徽州房屋交易中，乾隆朝出现铜钱，比例约为30%；嘉庆至同治时期，铜钱比例超过50%，其中道光朝超过80%；光绪朝，铜钱比例骤降，基本退出大额交易[19]。福建房屋民间大额交易中，康熙朝开始零星使用铜钱，乾隆朝使用比例增至28%；嘉庆朝至光绪朝，铜钱比例超过白银，其中咸丰朝高达85.3%[20]。由此，民间大额交易中，北京、安徽、福建等地铜钱的使用情况相近，仅是始用时间和比例略有差异。这一现象说明，铜钱成为民间大额交易货币是清代货币发展的趋势。北京地区大额交易货币的变化就是这种大背景下的一个缩影，具有时代的共性，同时也具有鲜明的地域特点。

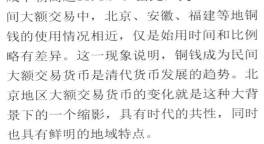

图一 清代京城及城外州县地区民间大额交易中铜钱使用比例

三、民间大额交易中铜钱使用的城乡差别

京城与城外周边地区契约类别、铜钱使用存在差异。京城以房及房地基契约为主，抽样契约数量2128件，约为契约总数的六成。城外地区范围较广，包括大兴、宛平县部分地区及通州、房山、顺义、昌平等地区，以地契为主，房契相对较少，共计1414件，约占契约总数的四成。为分析京城及城外地区房地契中铜钱的使用情况，将各时期铜钱使用比例图示如下（图一）。

京城与城外地区民间大额交易中，铜钱的使用均始于乾隆初年。城外地区出现时间稍早。如首都博物馆藏乾隆五年（1740）二月十八日李士清卖地契（图二），该地位于阳闸庄花户地，为4亩，售价"钱别（八）十六吊"。京城铜钱类契约出现于乾隆十四年（1749）。该年七月，蒋洪燕将灰棚2间转典于沈名下，典价铜钱28吊[21]。京

城民间交易中铜钱的使用情况，文献有相关记载。如乾隆九年（1744）十一月，山东监察御史杨开鼎称"京城一切交易，用钱较便于用银"[22]。杨开鼎所说的"一切交易"可能主要指中小额交易，或他言过其实。由此，乾隆初年京城及附近州县地区大额交易开始使用铜钱，是确定无疑的。

乾隆朝以后，京城与城外地区契约中开始以铜钱为交易货币，但二者的铜钱使用情况有明显不同。

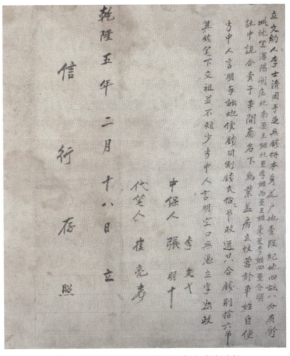

图二 首都博物馆藏乾隆五年李士清卖地契

首先，铜钱使用比例差别较大。京城房契共计2128件，以铜钱（含少量铜元、钱票）为交易货币的契约555件，约占26.1%；其余契约使用白银货币（少量银票）。该地区民间大额交易货币以白银货币为主、铜钱为辅，后者居于次要地位。城外地区房、地契1414件，其中铜钱类契约847件，约占59.9%；白银类契约仅有四成。铜钱使用比例超过白银，形成白银、铜钱并重，以铜钱为主的货币流通格局。由图二可知，各时期民间大额交易中，城外地区契约中铜钱比例均高于京城，两者的差值最高达46.5%。

其次，京城与城外地区铜钱使用特点不同。京城铜钱的使用呈现缓升快降的特点。乾隆朝铜钱使用比例较低，仅约13%，增幅较缓。嘉庆朝至同治朝为铜钱盛行阶段，其比例仅为40%—60%。光绪朝，铜钱比例剧降至6%，不久后退出大额交易。该地区铜钱盛行时间（铜钱比例接近五成或以上）不足80年。城外地区铜钱的使用增速较快，衰退较为缓慢。乾隆朝，铜钱使用比例激增至55.9%。此后至光绪朝，铜钱比例均在50%以上，其中嘉庆至咸丰时期更是超过70%。宣统时期，铜钱比例降低，但仍维持在38.5%。该地区大额交易中铜钱畅行时间长达150余年。

我们看到，在民间大额交易中，城外地区铜钱使用比例较高，盛行时间较长，说明该地区更倾向于使用铜钱。而京城铜钱比例相对较低，通用时间较短，反映京城民间更偏爱白银。这一现象可能与两者的交易金额、货币供给及金融业发展等因素有关，这里不再赘述。

四、民间大额交易中铜钱兴起与衰落原因

（一）民间大额交易中铜钱的畅行原因

乾隆朝，北京地区民间大额交易开始行用铜钱，不久后便推广开来，成为主要交易货币之一。这一变化与货币使用方式及供给有较大关系。

首先，白银使用方式落后，交易成本及风险较高。作为大额货币，白银是称量货币，交易时需称重和鉴定成色，较为烦琐。就称重而言，北京地区民间常用重量标准（平码）有多种，如京平、市平、库平、公砝平等，不同平码差别较大，换算复杂，不同称量工具也会有误差。为免受经济损失，"一切小本经营每人皆带有小戥（秤）一杆"[23]。同时，市场流通的白银以银锭、碎银为主，成色不一。普通民众无法鉴定白银成色，需经银炉等银钱机构重新熔铸或鉴定，也增加了交易成本。此外，民间低成色白银盛行，甚至假银泛滥，往往给商民带来重大损失。如，乾隆十年（1745）二月二十五日浙江布政使潘思榘奏称："近世巧诈日滋，渐分成色，且作伪假银行使，愚民不能辨识，一受欺绐赀本亏失"[24]。可见，白银不是标准化铸币，使用方式原始，交易成本较高，并不是理想的大额交易货币。

其次，清政府货币政策趋于稳定，铜钱铸额大幅增加，为铜钱用于民间大额交易提供了信用和物质基础。清初，政府货币政策不稳定，铜钱重量、成色频繁变化。如，铜钱重量在每枚1—1.4钱（约3.73—5.22克）摇摆不定，币材中主要金属铜的含量也从70%降至50%。清政府甚至多次回收和销毁正式铸行的铜钱。如顺治十八年（1661）"收无一厘字钱（顺治十年前铸币）每斤给值七分，销毁改铸"[25]。雍正十二年（1734）后，经过近百年的摸索，铜钱重量、含铜量趋于稳定。乾隆三十四年（1769）、五十五年（1790），清政府两次大规模收缴私铸铜钱，收缴小钱总重2603万余斤，大量劣质铜钱退出市场[26]。官铸铜钱占据市场，质量、信用较高，在民间大额交易中广受欢迎。同时，滇铜兴盛保证了铜料的供给，铜钱铸额大幅增长。如康熙朝京城宝泉、宝源局年均铸币2.4亿—4.4亿文；乾隆

朝，年均铸币增至11.4亿—13.8亿文[27]。此后，铜钱质量稳定，铸造数量巨大，成为民间交易的优质货币。

最后，铜钱是标准化铸币，可计枚流通。相对于白银而言，铜钱的使用省去称重、鉴定成色环节，仅计数即可，使用方便。乾隆朝，民间交易中白银逐渐被铜钱所取代。如乾隆十年（1745）潘思榘称，以"江浙而论，如松江之布、杭湖之丝、浙东之麻炭楮漆等物，向日收买俱系用银，今则无不用钱"[28]。这一现象引起乾隆帝的重视。乾隆十年（1745），鉴于"今惟以钱为适用，其应用银者皆以钱代"，乾隆帝谕令"嗣后官发银两之处，除工部应发钱文者仍用钱外，其他支领银两俱即以银给发，至民间日用亦当以银两为重"[29]。该谕令不仅未能扭转民间弃银用钱的局面，反而愈演愈烈，铜钱在民间大额交易中比例急剧上升。

我们看到，白银货币使用方式的不足，阻碍了北京地区民间大额交易中白银的使用。铜钱质量稳定、信用高，部分取代白银成为民间大额交易货币，反映了市场对标准化铸币的需求。尤其是城外周边地区，交易金额相对较小，铸造和鉴定白银货币的银钱机构较少，白银的使用更为不便。因此，该地区民间大额交易中，铜钱的使用时间更长，比例也更大。

（二）铜钱作为大额货币的不足及衰落

作为民间大额交易货币，铜钱具有较大的局限性。

铜钱质重价轻，不是理想的大额交易货币。以乾隆通宝为例，该钱每枚重1.2钱（约4.5克），1000文（一串）重约4.5千克。按清政府官定银钱比价，铜钱1000文兑换库平纹银一两，此银仅重37.3克。由此，同等价值的铜钱与白银，前者是后者重量的120余倍。清代北京房产交易价格动辄白银数百两或铜钱上千吊。如，乾隆四十五年（1780）卖房契（藏品号：35.2.146），前广平库胡同房屋"卖于王府内相李名下"，售价京钱3000吊（合

制钱1500吊）。以每吊钱重4.5千克计，制钱1500吊重6750千克。该钱搬运成本较高，即便使用当时载重量较大的牛车运输，也需数辆大车才能搬完。若以白银为交易货币，约合银1500两，该银不足56千克，仅需一人至二人即可搬运，大幅降低了交易成本。

对于地区间远距离商贸活动，涉及金额较大，运输成本更高。运输途中安全风险也较高。旅途中携带大量金钱，容易遭到偷窃或抢劫，不仅损失钱财，甚至会危及生命。此外，铜钱禁运政策也不利于铜钱外流。如光绪十五年（1889）"左庶子恩景奏，奸商收买制钱，私运出京，请饬查禁一折"，光绪帝谕令"著步军统领衙门、顺天府、五城御史查明严禁（铜钱出京）"[30]。商民携带铜钱数量较多，税关也会盘查。如《文明小史》中载，花怀德（字清抱）从宁波去上海，将"十五吊钱扣成两捆，找根扁担挑在肩头，出来要走。阿四看了，好笑道：'……满了十吊钱，关上就要问你的。我劝你破费几文，到城里换了洋钱吧'"[31]。可见，铜钱兑换成白银或银元，不仅便于携带，且省去被税关勒索的麻烦。

清末，北京炉房等金融机构兴起，推动了白银货币的使用。道光时期，北京出现从事银锭铸造的炉房，并铸造形制、成色相对统一的松江银。同治、光绪时期，松江银在民间大额交易中使用比例激增，铜钱的比例明显减小。光绪中期，北京炉房大量铸造十两十足色银锭[32]。光绪三十二年（1906），珠宝市26家官炉房申请成立公议局，对市场所铸十两足银进行审核，合格者打上戳记方能流通，进一步提高银锭的信用。松江银、十两足银成色较为稳定，锭面标注重量，具有大额"准铸币"特征。

此外，国产银元的大量铸造及外国银元的流入，提供了充足的标准化铸币。银元计枚使用，价值也较高，较为适合民间大额交易。北京地区银元的使用较晚，

1900年后银元使用渐广，宣统时期银元的使用超过十两足银[33]。总之，松江银、十两足银、银圆的相继使用，规范了该地区银锭的铸造和使用，克服了传统白银使用不便的缺点，逐步将铜钱挤出大额交易货币体系。

五、结语

清代，铜钱是北京地区主要流通货币之一。铜钱是小额货币，主要用于民间日常小额交易。乾隆朝，铜钱开始用于民间大额交易，并呈现波动性、地域性特点。从时间上看，乾隆时期铜钱使用比例较低，不足契约总量的四分之一。嘉庆朝至同治朝，铜钱使用比例激增至五成以上，成为民间大额交易的主流货币。光绪、宣统时期，铜钱使用比例骤减，退至次要地位。从地域上看，京城民间大额交易中铜钱使用比例较小，盛行时间较短；城外周边地区铜钱比例较高，沿用时间较长，体现了铜钱使用的城乡差异。

清代北京地区民间大额交易中，铜钱的兴衰与清代货币及使用方式有关。白银使用方式落后，交易成本较高。随着清政府货币政策趋于稳定，铜钱铸造数量增加，信用也有较大提高。乾隆朝后，铜钱部分取代白银的功能。清末，北京地区金融业有了较大发展，先后出现松江银、十两足银和银圆，白银货币再次成为民间大额交易的优势货币。总之，北京地区民间大额交易中铜钱作用的变化，是民间自然选择的结果，反映了民间对标准化大额货币的需求，同时也反映了清朝货币政策的不足。

①姚迁主编：《中国金融史》，高等教育出版社，2020年，第230页。

②《大清高宗纯皇帝实录（乾隆朝）》卷一百九十九。

③《大清高宗纯皇帝实录（乾隆朝）》卷三百五十二。

④杭持菊：《清代醇亲王府经济支出研究（1872—1911）》，华中师范大学硕士学位论文，2017年。

⑤［美］何天爵著、鞠方安译：《真正的中国佬》，光明日报出版社，1998年，第230页。

⑥何刚德、沈太侔：《话梦集·春明梦录·东华琐录》，北京出版社，2015年，第13页。

⑦中国人民银行总行参事室金融史料组编：《中国近代货币史资料》，中华书局，1964年，第1191页。

⑧王德泰、强文学：《嘉道时期全国铸钱数量的考察》，《中国钱币》2012年第2期。

⑨吕坚：《康雍乾户部银库历年存银数》，《历史档案》1984年第4期。

⑩王育茜、钱玉春等：《明清徽州货币交易的历史考察》，《中国钱币》2021年第5期。

⑪李红梅：《从土地文书看清代货币使用的地域差异》，《江苏钱币》2013年第2期。

⑫程鹏：《清代东钱考》，山西大学硕士学位论文，2011年。

⑬石涛：《清代东钱新考》，《山西大学学报（哲学社会科学版）》2017年第3期。

⑭赵士第、邱永志：《清代"东钱"问题再探》，《中国经济史研究》2019年第6期。

⑮彭凯翔：《近代北京货币行用与价格变化管窥——兼读火神会账本（1835—1926）》，《中国经济史研究》2010年第3期。

⑯彭凯翔：《"京钱"考》，《江苏钱币》2013年第2期。

⑰王显国：《从房地契看清代北京地区"京钱"的使用》，《首都博物馆论丛》，北京燕山出版社，2020年，第36～44页。

⑱彭信威：《中国货币史》，上海人民出版社，1958年，第577页。

⑲王育茜、钱玉春等：《明清徽州货币交易的历史考察》，《中国钱币》2021年第5期。

⑳福建师范大学历史系：《明清福建经济契约文

（下转第55页）

广阳城墓地出土铜镜的科学分析

杨 菊 于 璞 王 策 刘乃涛 孟宪文

在中国古代铜镜的发展历程中，汉代铜镜占有极其重要的地位。汉镜以繁多复杂的镜背纹饰著称于世，反映了当时的历史文化、审美情趣、宗教思想等，为汉代冶金史的研究提供了难得的素材。

广阳城墓地位于北京市房山区长阳镇西南部牛家场村东北部，距广阳城遗址约800米，是一处两汉魏晋墓葬为主的墓群，为汉至北朝广阳县城的附属墓地[①]。该墓地出土了一批战国至明清时期的铜器，其中出土的汉代铜镜数量较多、种类丰富、纹饰精美，反映了该地区使用铜镜的基本面貌。本文选取广阳城墓地39件西汉至魏晋时期的铜镜，利用X射线荧光（XRF）、扫描电镜能谱（SEM-EDS）和金相显微镜（OM）分析了铜镜的合金成分和金相组织，讨论了铜镜的合金技术和制作工艺等问题。

一、样品描述

参照已有的类型学研究，我们梳理了这批两汉魏晋铜镜的相关信息，结果见表一，部分铜镜照片见图一。

表一 广阳城墓地出土铜镜信息一览表

种类	器物编号	名称	直径、厚度（cm）	备注
西汉镜	M40：1	素面弦纹镜	直径16.8、厚0.6	完整
	M55：1	昭明镜	直径8.9、厚0.8	完整
	M141：1	四神规矩镜	直径16.1、厚0.8	完整
	M371：1	日光镜	直径9.8、厚0.5	完整
东汉镜	M68：13	素面连弧纹镜	直径10.2、厚1.1	残
	M68：19	因锈蚀无法辨认	直径6.7、厚0.9	残
	M139：4	因锈蚀无法辨认	直径7.3、厚0.6	残
	M145：4	昭明镜	直径10.0、厚0.9	残
	M193：1	昭明镜	直径10.8、厚0.7	残
	M200：1	四神规矩镜	直径14.4、厚1.2	残
	M237：1	长宜子孙连弧纹云雷镜	直径15.7、厚0.6	残
	M282：1	素面弦纹镜	直径13.5、厚0.3	残
	M352：1	云雷纹规矩镜	直径12.2、厚1.2	残
	M373：1	云雷纹规矩镜	直径17.0、厚0.7	残
	M461：10	四神规矩镜	直径11.0、厚0.5	残
	M515：2	因锈蚀无法辨认	直径8.9、厚0.6	残
	M515：4	变形四叶八凤纹镜	直径15.0、厚1.3	残
	M619：1	四乳八禽家常富贵镜	直径8.5、厚1.0	残
	M688：1	四神规矩镜	直径15.2、厚1.2	残
	M15：2	龙虎对峙镜	直径10.2、厚1.0	完整

续表

种类	器物编号	名称	直径、厚度（cm）	备注
东汉镜	M44：1	四乳四虺镜	直径11.6、厚1.1	完整
	M48：2	长宜子孙连弧纹云雷镜	直径16.0、厚0.8	完整
	M140：1	昭明镜	直径14.0、厚1.2	完整
	M616：13	因锈蚀无法辨认	直径12.0、厚0.8	残
	M619：2	日光连弧纹镜	直径7.6、厚0.7	完整
	M50：1	昭明镜	直径14.2、厚1.2	完整
	M200：2	昭明镜	直径12.0、厚1.1	完整
	M577：4	昭明镜	直径10.2、厚0.7	完整
	M575：1	云雷纹规矩镜	直径13.0、厚1.2	完整
	M189：2	昭明镜	直径12.0、厚1.0	完整
	M189：3	昭明镜	直径9.7、厚0.7	完整
	M145：5	昭明镜	直径10.2、厚0.9	完整
	M63：1	云雷纹规矩镜	直径13.0、厚0.7	完整
	M239：1	昭明镜	直径11.8、厚1.0	完整
	M239：2	四神规矩镜	直径15.8、厚0.8	完整
	M515：6	长宜子孙连弧纹云雷镜	直径11.3、厚0.7	完整
	M239：1	昭明镜	直径11.8、厚0.8	完整
魏晋镜	M29：3	素面连弧纹镜	直径10.5、厚1.2	残
	M60：4	变形四叶八凤纹镜	直径12.2、厚0.4	残

M15：2 龙虎对峙镜

M48：2 长宜子孙连弧纹云雷镜

M50：1 昭明镜

M29：3 素面连弧纹镜

M145：4 昭明镜

M193：1 昭明镜

M200：1 四神规矩镜

M373：1 云雷纹规矩镜

M619：1 四乳八禽家常富贵镜

图一 广阳城墓地出土部分铜镜

广阳城墓地中共有30座墓葬内随葬铜镜，共计出土铜镜40面，其中西汉铜镜4面、东汉铜镜33面、魏晋铜镜2面，还有一面明代铜镜。本文分析的铜镜从西汉到东汉直至魏晋，构成了完整的年代序列。这些铜镜纹饰有素面弦纹镜、昭明镜、云雷镜、四乳四虺镜、龙虎对峙镜、几何纹规矩镜等类型，均是两汉至魏晋时期流行的铜镜类型和纹饰。

二、分析方法

对全部的铜镜，我们在其表面进行清理及除锈后使用美国EDAX ORBIS微束X射线荧光能谱仪进行了无损半定量成分分析。分析条件为：X射线管电压30kV，管电流300μA，采谱时间100s，每次分析采谱两次，解谱方法为单标样基本参数法。

对其中的17件破损铜镜，我们按照最小干预原则，从器物残缺处进行了取样。对采集的样品经冷镶处理后，依次使用由粗到细不同粒度的砂纸打磨，再进行抛光。之后使用3%三氯化铁盐酸酒精溶液浸蚀，并采用德国Zeiss Axio ScopeA1型号的金相显微镜进行金相学观察并拍照，即通过识别样品的组织、夹杂物形貌及分布等特征，考察器物的制作成型工艺等。观察后的样品经再次磨光和抛光，做喷碳处理，利用后置入带有能谱仪的扫描电子显微镜进行合金成分分析和微观组织观察，并用能谱仪对金属物相进行无标样定量成分测定。扫描电子显微镜使用THERMO公司的FEI Quanta 650场发射扫描电子显微镜进行背散射影像观察，成分检测分析使用其安装的牛津仪器公司X-Max50能谱仪配合ztec-Feature软件进行测试分析。能谱测试中的工作电压控制在20kV，束流强度根据实验需求进行了微调，半定量的元素组分采样分析使用软件的自动模式，所有测试数据计数率采取软件自动优化模式，采样时间高于60s，确保达到计量有效范围内所获得数据参考测量误差采用至少小

于所得数据一个数量级的结果进行讨论。以上检测分析均在北京市考古研究院科技考古中心完成。

三、分析结果与讨论

（一）合金成分

XRF成分分析结果显示所有铜镜的材质均为高锡的铜锡铅三元合金，成分与中国古代传统的青铜合金相同。已取样铜镜样品的SEM-EDS合金成分分析结果见表二。从表二可见，除TJ03锈蚀严重、无法检测外，其余16面铜镜均保存较好，都属于高锡含铅青铜材质，除TJ08的锡含量略高外（铜64.7%，锡32.5%，铅2.8%），其余铜镜样品的成分十分接近，铜67.5%—72.8%、锡23.6%—26.1%、铅2.1%—6.8%。铜镜合金中含有较高的锡可以改善合金硬度，以便于磨光、抛光，利于映照，但也会提高其脆性。而铅的加入不仅增加耐磨性，还可降低青铜的熔点，提高流动性，使铸造的铜镜花纹清晰、细致。但铅如果加入过多，则会在镜面研磨的过程中留下划痕，影响合金的颜色。已有研究表明，大部分战国及汉唐镜的锡含量在18%—26%，铅含量在1%—7%。董亚巍先生亦认为青铜镜合金的最佳锡含量应位于23%—25%[②]。卢轩等对已发表的一批铜镜合金成分绘制了散点图，发现绝大多数西汉中晚期、新莽至东汉时期，以及六朝时期铜镜的数据重叠在一起，落在椭圆区域内，铜锡铅的配比大致在70%:25%:5%，为典型的汉镜合金配比[③]。本文已取样的16面铜镜的合金成分也基本符合该规律。由此可见，铜镜的合金技术自西汉早期开始出现了统一的趋势，至西汉中期形成了典型的合金配比，并为后世所继承[④]。

（二）金相组织

经采样分析的铜镜中，除TJ03因锈蚀严重，金相组织不清外，其余16面铜镜的金相组织中可观察到三种不同的细部结构，分别命名为A型、B型和C型：A型为

表二 广阳城墓地部分铜镜SEM-EDS合金成分分析结果（wt%）

考古编号	样品编号	名称	年代	出土位置	Cu	Sn	Pb	材质
M68：13	TJ01	素面连弧纹镜	东汉	墓室后室北侧	70.5	25.3	4.3	Cu-Sn-Pb
M68：19	TJ02	因锈蚀无法辨认	东汉	墓室前室南侧	69.7	26.1	4.3	Cu-Sn-Pb
M139：4	TJ03	因锈蚀无法辨认	东汉	墓室侧室东侧	锈蚀严重，无法检测			
M145：4	TJ04	昭明镜	东汉	墓主头骨东侧	69.9	25.2	4.9	Cu-Sn-Pb
M193：1	TJ05	昭明镜	东汉	墓主头骨西侧	72.8	25.2	2.1	Cu-Sn-Pb
M200：1	TJ06	四神规矩镜	东汉	墓室中北部	67.5	25.7	6.8	Cu-Sn-Pb
M237：1	TJ07	长宜子孙连弧纹云雷镜	东汉	墓室北部	70.0	25.6	4.4	Cu-Sn-Pb
M282：1	TJ08	素面弦纹镜	东汉	墓主头骨东侧	64.7	32.5	2.8	Cu-Sn-Pb
M352：1	TJ09	云雷纹规矩镜	东汉	墓室中南部	70.4	25.2	4.4	Cu-Sn-Pb
M373：1	TJ10	云雷纹规矩镜	东汉	墓主头骨东侧	70.6	25.0	4.5	Cu-Sn-Pb
M461：10	TJ11	四神规矩镜	东汉	墓室西北部	71.4	23.6	5.0	Cu-Sn-Pb
M515：2	TJ12	因锈蚀无法辨认	东汉	墓室主室西侧	68.2	25.8	6.0	Cu-Sn-Pb
M515：4	TJ13	变形四叶八凤纹镜	东汉	墓室主室东侧	69.5	24.6	6.0	Cu-Sn-Pb
M619：1	TJ14	四乳八禽家常富贵镜	东汉	墓室东棺北侧	69.7	24.5	5.8	Cu-Sn-Pb
M688：1	TJ15	四神规矩镜	东汉	墓室东侧	71.8	25.3	2.9	Cu-Sn-Pb
M29：3	TJ16	素面连弧纹镜	魏晋	墓室填土内	69.6	25.4	5.0	Cu-Sn-Pb
M60：4	TJ17	变形四叶八凤纹镜	魏晋	墓室主室西侧	70.2	25.0	4.8	Cu-Sn-Pb

α+（α+δ）共析组织，其中α相随晶粒的取向不同而呈岛屿状或条状（图二）；B型为α+（α+δ）共析组织，其中α相呈针状（图三）；C型为δ+（α+δ）共析组织，其中δ相呈短小树枝状环绕铅颗粒分布（图四、图五）。不同组织铜镜样品的扫描电镜能谱（SEM-EDS）微区成分分析结果见表三。

根据组成金相组织的细部结构的不同，可将16件铜镜样品按金相组织分为两类。第一类（15件）完全由A型结构组成或A型与B型交错分布，以TJ11和TJ06为例。TJ11金相组织基体为（α+δ）共析体，α相呈两端尖锐的长条状或不规则状，铅大小不等，小颗粒铅散布于基质中，还可见少量球状或椭球状铅脱落，留下黑色空洞（图六）。TJ06金相组织中α相呈针状、条状，或不规则状分布在连成一片的（α+δ）共析体基体中，由于锡含量较TJ11更高，α相更为细小，铅颗粒均匀分布（图七）。第二类（1件）由C型结构组成，即（α+δ）

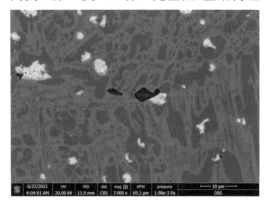

图二 TJ11背散射电子相

A型组织，亮白色点状相为铅颗粒，深灰色为α相，浅灰色为δ相

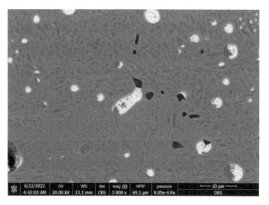

图三 TJ06背散射电子相

B型组织，亮白色点状相为铅颗粒，深灰色α相的针状组织交错分布

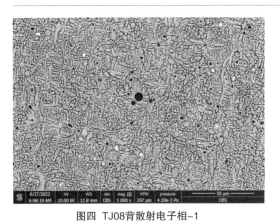

图四 TJ08背散射电子相–1

C型组织，树枝状浅灰色相为δ相，亮白色点状相为铅颗粒

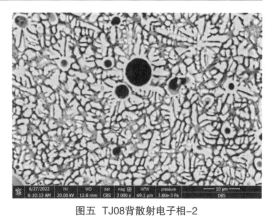

图五 TJ08背散射电子相–2

A：（α+δ）共析体，B：δ相，C：δ相锈蚀

表三 三件典型铜镜样品扫描电镜能谱（SEM-EDS）微区成分分析结果（wt%）

样品编号	分析位置	O	S	Fe	Cu	Sn	Pb	与成分对应的组织
TJ11	深灰色长条状或块状相	—	—	—	84.1	15.9	—	α相
		—	—	—	80.8	19.2	—	
		—	—	—	81.6	18.4	—	
	亮白色点状相	—	—	—	27.1	5.0	67.9	含铅夹杂物
		—	—	—	7.6	1.5	90.9	
	灰黑色不规则形状块状物	—	21.7	4.8	71.0	2.5	—	铜、铁硫化物夹杂
		—	21.2	5.2	70.6	3.0	—	
		—	22.0	8.0	62.3	2.2	5.5	
	浅灰色网状相	—	—	—	75.1	24.9	—	δ相
		—	—	—	69.1	30.9	—	
		—	—	—	73.3	26.7	—	
		—	—	—	67.6	32.4	—	
TJ06	深灰色长条状或块状相	—	—	—	80.3	19.7	—	α相
		—	—	—	82.9	17.1	—	
		—	—	—	83.3	16.7	—	
	亮白色点状相	—	—	—	6.7	93.3	—	含铅夹杂物
		—	—	—	7.8	92.2	—	
	灰黑色不规则形状块状物	—	19.2	6.5	66.4	4.8	3.1	铜、铁硫化物夹杂
		—	14.5	4.2	70.4	10.9	—	
		—	19.9	7.3	53.9	1.2	17.7	
	浅灰色网状相	—	—	—	75.3	24.7	—	δ相
		—	—	—	76.7	23.3	—	
		—	—	—	75.8	24.2	—	
TJ08	黑色点状相	8.7	1.7	20.4	43.7	18.3	7.1	铜、铁硫化物夹杂
		15.2	0.5	2.8	51.6	29.2	0.7	
		8.5	1.8	21.8	43.1	17.7	7.3	
	灰色相	—	—	—	66.2	33.8	—	（α+δ）共析体
		—	—	—	65.7	34.3	—	
		—	—	—	66.6	33.4	—	

样品编号	分析位置	O	S	Fe	Cu	Sn	Pb	与成分对应的组织
TJ08	亮白色点状相	–	–	–	33.5	19.0	47.5	含铅夹杂物
		–	–	–	21.6	13.0	65.4	
		–	–	–	23.6	14.0	62.4	
		–	–	–	16.2	8.7	75.1	
	浅灰色树枝状相	–	–	–	67.4	31.4	–	δ相
		–	–	–	66.5	33.5		
		–	–	–	66.2	33.8		
		–	–	–	66.4	33.6		
	深灰色细条相	11.8	–	–	59.4	28.8		δ相锈蚀
		6.5	–	–	63.3	29.1	1.1	

共析组织基体上析出短小树枝状δ相。该类样品仅一件，即TJ08，其金相组织基体为（α+δ）共析体，晶界为δ相，晶内有小枝晶状δ相环绕铅颗粒分布（图八、图九）。需要说明的是，在进行扫描电镜高倍分析时，电子束有可能激发到邻近的δ相，致使该样品的（α+δ）共析组织的锡含量偏高。结合成分分析结果可知，第一类组织样品的平均锡含量为25.2%，第二类样品的锡含量为32.5%。已有学者对铜镜中不同组织状态和锡含量的关系进行了研究，指出

图七　TJ06金相照片

A型组织和B型组织交错分布，锡含量：25.7%

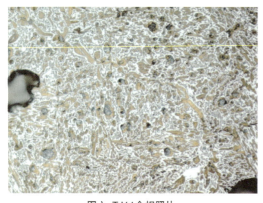

图六　TJ11金相照片

A型组织，锡含量：23.6%

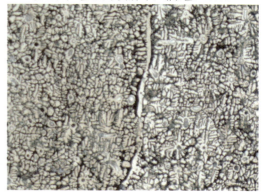

图九　TJ08金相照片-2

图八　TJ08金相照片-1

C型组织，锡含量：32.5%

（下转第71页）

首都图书馆藏历史图片中的
九天普化宫道教造像

九天普化宫，简称九天宫，位于北京朝阳门外东岳庙旁，为明朝万历年间修建，明清时期和东岳庙、十八狱庙（慈尊寺）并属朝外大街最热闹的三座庙宇。据1935年的《北平旅行指南》记载："朝阳门外东岳庙之东数武，敕建九天宫庙宇甚古。相传其建筑，尚在东岳庙之先。庙内有雷公电母之像。正殿有悬山两层，神像奇异，四臂四目者，称为天降。均仿唐杨惠之塑法，塑工精绝。中供真武像，悬山正中，有九天应元雷声普化天尊神像。[①]"

从民国时期开始，九天宫逐渐衰落，至今只有部分建筑遗存，内部陈设、造像皆无。北京地方文献中有关九天宫的记载很少，涉及内部陈设和造像的更是寥寥，也有一些零散照片传世，皆不成规模。首都图书馆藏（以下简称首图）有民国时期九天宫历史图片一组，包括照片和胶片底片，拍摄时间大约在二十世纪三四十年代，随着对这些珍贵资料的解读，湮没在历史中的九天宫逐渐露出了真容。

一、首图馆藏九天宫历史图片的基本情况及文献价值

首都图书馆历史文献中心藏有历史图片一万余张，时间跨度从清末至20世纪50年代，在整理和著录过程中，笔者注意到一组

道教宫观的照片细节丰富，画面精美，内容罕见，非常值得关注。结合照片内容、背面拍摄者的注释及相关历史文献，可以认定照片拍摄的是位于北京朝阳门外的九天普化宫，拍摄时间约为二十世纪三四十年代。

这组照片共有16张，尺寸有12cm×16.4cm和8.7cm×5.9cm两种，部分存有底片，附一大号牛皮纸信封，信封上和每张照片背面都有拍摄者的手写英文注释，标注了九天宫的拼音和英文直译（图一、图二）。九天宫被拍摄者称作"Nine Heaven Temple"或"Temple of Nine Heaven"，与中国文化里的"九天"在内涵上有一定的偏差，对照片内容的描述也多是猜测和简单记录，拍摄者应该是来华工作或传教的外国人。

不仅外国人对九天宫不甚了解，与东岳庙毗邻的九天宫也几乎不在当时中国人

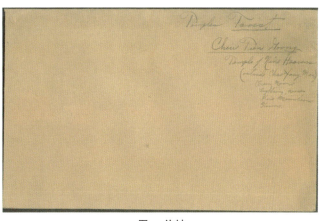

图一　信封

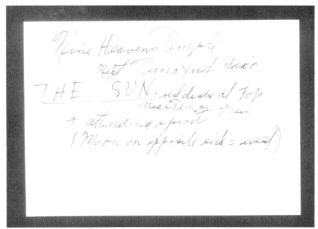

图二　照片背面的手写注释

的视野里。主要原因是九天宫在民国时期衰败不堪，至迟在20世纪20年代就已年久失修，香火断绝："九天宫在朝阳门外，这几年倒是不开庙了，因为那个庙年久失修，已竟不堪了，所以渐渐的断了香火啦"[②]。到1935年，其状况是"年久失修，殿宇倾颓，塑像剥落"[③]。20世纪40年代，"九天宫年久失修，破烂不堪，许多无家可归的贫民滞留在此，显然当时已经没能力做法事活动了。1952年，九天宫被东郊区人民政府用作粮食仓库，归属民政局。同年7月，移交房地产管理局。新中国成立后被北京市交电公司用作仓库，此时仅剩后殿。80年代被定为北京市文物保护单位"[④]。

据北京市古代建筑研究所调查，九天宫现"仅存大殿，面阔五间，五架梁，硬山顶，灰筒瓦屋面，装修明次间五抹、菱花格隔扇门四扇，彩绘已剥蚀不清，梢间为槛墙三抹隔扇窗四扇。面宽22米，高10.6米，木架结构为四梁八柱，殿前东西两侧各立石碑一通，东侧为清顺治四年（1647）重修碑；西侧为2004年8月出土的清顺治五年（1648）玉枢宝经碑，殿前有月台，设台阶七步"[⑤]。除了"九天宫"之名和两块石碑，现存的部分建筑已经看不出任何道教宫观的特征，其内部构造和造像更是只能从文献记载进行推测。

在相关文献中，1946年《一四七画报》上发表的《燕风漫钞：九天宫》一文共计千余字，是仅有的一篇对九天宫内部进行了详细描述的长文，尤其是对当年尚存的真武像及雷部众神像，记录了面貌形态，细致周全，栩栩如生，是研究九天宫内部构造及所存造像的重要参考。照片资料的发现，最重要的意义是可与文字进行对照，印证了许多文字记载的细节，也纠正了文字的讹误。例如，九天应元雷声普化天尊像和辛天君像，在文中都有两处不同的说法，需要结合图像来辨别。另外，每一张照片背面都有拍摄者的手写附注，也提供了更多的参考信息。例如图二背面标识"THE SUN=red disk at top"，所对应的正面图像是九天宫正殿悬塑的顶部，其上有一轮圆形天体，黑白照片无法分辨颜色，只有参考背面注释，才能认定这是一轮红日，继而根据"东方山巅为日，对方为月"[⑥]来确定照片拍摄的是东面悬塑。

另外，照片具有直观、现场、多角度的特点，对于展现建筑的具体构造、造像的空间分布具有独特的优势，建筑的空间感和神像的大小、分布、相互关系在图像中一目了然。例如，九天宫所供主神真武大帝与九天应元雷声普化天尊，在不同角度的两张正殿照片中，清晰呈现出位置先后与主次关系，这是单靠文字描述很难做到的。

最重要的是，这组照片画面精美生动，承载了厚重的历史和文化价值。九天宫内部的悬塑艺术繁复华丽，意境深远，在北京乃至整个中国都十分罕见。《北平旅行指南》称其"仿唐杨惠之塑法，塑工精绝"，杨惠之是唐代雕塑家，后世的壁塑、悬塑等皆由其塑壁之法发展而来，说九天宫有杨惠之遗风，并非夸大。当年的雕塑者以梁、壁、柱、檩为依托，在有限的空间里塑造了数不胜数的人物和装饰，形成了完整的场景和意境，众神像凌空而视，俯瞰下界，空间感和真实感都远非普通的雕塑可比。

道教曾在明代北京盛极一时，九天宫代表的真武及雷神信仰也随九天宫一起经历了从鼎盛到衰落的历程，对这组珍贵历史图片的发现和研究，可以弥补相关的空白，带我们回到近一百年前尚未湮没在废墟中的九天宫，看到当年宫观和造像的真实面貌，触摸从明代到民国道教及民间信仰的历史脉络。

二、老照片所见九天宫道教造像造型分析

由于在16张照片中有部分拍摄角度重复，经过比较，笔者选择了其中较有代表性的9张，对九天宫供奉的道教真武像、九天应元雷声普化天尊像及雷部众神像进行分析和详解，力图勾勒出民国时期九天宫的具体面貌。囿于材料有限，部分造像难以定论，有待后来者补足。

图三拍摄的是九天宫正殿供奉的真武像与九天应元雷声普化天尊像。照片下方

图三　九天普化宫正殿供奉的真武像与九天应元雷声普化天尊像

正中为铜铸真武像，神像金身高大，法相庄严。真武像上方须发俱张、跨麒麟者为九天应元雷声普化天尊像。两尊神像一静一动，气象非凡。

真武即玄武，民间俗称真武大帝，道经称"镇天真武灵应佑圣帝君""北极真武玄天上帝"，最早起源于星宿和四象崇拜，官方和民间的真武信仰在宋、元、明三代节节上升，因明成祖崇奉真武，至明代达到顶峰，北京一带真武庙香火鼎盛，并迅速遍及全国。真武大帝作为雷部统帅，"驱之有雷公电母，御之有风伯雨师"[⑦]，九天宫作为祭祀雷部众神的宫观，在其正殿供奉真武像是有道教典籍依据的。

九天应元雷声普化天尊，道教总司雷部之神，最早见于南宋，到明代获得官方承认，被列入朝廷祀典。他"主天之灾福，持物之权衡，掌物掌人，司生司杀，检押启闭，管籥生成，上自天皇，下自地帝，非雷霆无以行其令；大而生死，小而枯荣，非雷霆无以主其政"[⑧]。关于其来历有几种不同的说法，一说是轩辕黄帝，一说是神霄真王，一说是《封神演义》中的商朝太师闻仲。其中《封神演义》虽是小说家言，在民间的影响却十分广泛，它塑造的闻仲额有三目，骑黑麒麟，执雌雄双鞭，与南宋《九天应元雷声普化天尊说玉枢宝经》记载的"九天普化君，化形十方界，披发骑麒麟，赤脚踏层冰，手把九天炁，啸风鞭雷霆"[⑨]一脉相承。明清以来，这种形象还出现在道教水陆画中，如白云观所藏明代重彩绢本水陆画《雷声普化天尊》[⑩]，天尊形象为三目、执鞭、跨墨麒麟，四川原道文化博物馆所藏清代纸本彩绘水陆画《雷声普化天尊》中，天尊的坐骑也是麒麟[⑪]。

民国时期《燕风漫钞：九天宫》一文对这两尊主神像的记载是："正殿三楹，举架相当高大，而当年建筑之宏整，亦可见一斑矣。正殿供奉，为九天应元雷声普化天尊圣像，像系青铜铸制，金身高大，三目长髯，披发端坐，右手握豹尾金鞭，

左手叠雷祖诀，左右有二尊侍者，亦为铜胎。"后文又有"正面纯为雷部正神行云布雨之象，其像则九天应元雷声普化天尊，跨墨麒麟，金面三目，戎装披发，右手提金鞭，左手拈雷神诀，须发俱张，而气象生动"[12]。这里出现了两次对九天应元雷声普化天尊像的描述，两处形象截然不同，且整篇文章中都未出现《北平旅行指南》记载过的真武像。在道教经典和民间传说中，真武大帝的形象一直是披发、跣足、金甲、仗剑，从未有过执鞭的记载。有照片做对照，可以直观地看到比较符合"青铜铸制，金身高大，三目长髯，披发端坐，右手握豹尾金鞭，左手叠雷祖诀，左右有二尊侍者"的是真武铜像，后方正中"跨墨麒麟，金面三目，戎装披发，右手提金鞭，左手拈雷神诀，须发俱张"的才是九天应元雷声普化天尊像。

图四是从九天宫正殿的另一个角度拍摄，可以看到真武像、九天应元雷声普化天尊像的相对位置和更多细节。天尊跨坐在麒麟之上，麒麟的形貌从侧面看也更为生动。前方的真武像面部铜锈斑驳，分外沧桑，除了这一尊铜像之外，其余所见皆为木塑泥胎。据档案记载，九天宫共有"神像七十二尊，内铜像三尊，余均泥胎"[13]，《燕风漫钞：九天宫》一文记真武像"左右有二尊侍者，亦为铜胎"[14]，则殿内三尊铜像应为真武像及其左右的两尊侍者，遗憾的是照片并未拍摄出铜铸侍

图四　九天普化宫正殿造像及正面悬塑

者像，不知其面貌如何。

这张照片的另一个特色是拍摄出了正面悬塑的规模。悬塑是以建筑墙体或木构件为依托，在龙骨上塑像施彩，塑造出各种人物、场景和装饰物，形成上下多层重叠的效果。真武大帝及九天应元雷声普化天尊居中，其他雷部众神在祥云的衬托下，手持法物，拱卫主神，顶上游龙盘踞，形成一个森严神秘的神的世界，如此规模的悬塑在北京地区极为罕见。

在九天应元雷声普化天尊右侧，有一尊左手执旗，腰中似插一斧的神像，即"麟后有神使一，貌既狰狞，势亦凶猛，执朱旗，立神右，其旗之卷舒作势，仿佛若真绸帜之临微风者"[15]。这可能是雷霆飞捷使者张元伯，道经记载其形象为"肉角，红发，青面，双目，鹰喙，青身，双肉翅，龙爪手足，红裙飞仙带。如遣召雷神，执敕召雷神皂旗，腰悬巨斧，摇撼旗帜"[16]。照片中的这尊神像武将装扮，并无肉翅龙爪，但符合"执敕召雷神皂旗，腰悬巨斧，摇撼旗帜"的主要特征。

在雷部众神中，最著名的是"雷霆三帅"，即邓伯温、辛汉臣、张元伯。在《燕风漫钞：九天宫》一文中，作者观察到"极东有形若判官者之尊神一，冠软翅乌纱，著朱红金蟒，紫面虬髯，状貌威猛，左手握账簿一卷，右手提朱笔一枝，其身微俯，自其笔尖出有红线一条，至半空成火焰，在雷部四十八尊神中，不悉此为何神也"[17]。据文字推断，此处应为辛天君，即"负风猛吏银牙曜目辛天君汉臣"，道经记其"戴牛耳幞头，朱发铁面，银牙如剑，披翠云裘，皂靴，左手执雷簿，右手执雷笔，上有火光"[18]，左手雷簿、右手雷笔是辛天君的主要特征，文中其他两处对辛天君的描述皆为作者误认。仔细观察图四左下角临近女神的第二尊神像，其右手执笔状物，极有可能便是辛天君像，可惜现存照片都没有单独拍摄出这尊神像的全貌。

照片左三的女性神像抱剑而立，

状极英武，身份也很引人思索。雷部女神一般是指金光圣母，俗称电母、闪电娘娘，其形象为双手各执一面古镜，如《燕风漫钞：九天宫》记载的"对方所立为闪电圣母，绿髻云鬟，朱衣翠袖，面貌庄严而姣好，两手各执古镜一事，此即象征其电光之所以发生也"[19]。但文中所记这尊神像在重门之内，并非大殿正中，正殿女神究竟是电母在真武身边抱剑侍立的另一重形象，还是雷部其他女神，尚需进一步考证。

图五是九天宫悬塑局部和其间较小的两尊神像。九天宫"正面及东西三方面，均缘墙就壁，筑有悬山，全仿九天之一切"[20]，从照片来看，这些悬塑十分精细，雷部各神位于重重祥云之间，面貌森然，栩栩如生。左边的神像为雷霆三帅之一的邓天君邓伯温，道经中他的形象是"凤觜银牙，朱发蓝身，左手持雷钻，右手持雷锤，身长百丈，两腋生翅，展开则数百里皆暗，两目放火光二道，照耀百里，手足皆龙爪"[21]。明清时期邓伯温作为雷霆元帅的形象是比较固定的，皆为三目尖嘴，左手雷钻，右手雷锤，与这尊造像相符。

根据《燕风漫钞：九天宫》一文的记述，九天宫正殿悬塑之东方山巅为日，对方为月，故图六拍摄的是东面悬塑，山巅有红日一轮[22]。最左侧的神像特征最为明显，右手执鞭，左手执"赤心忠良"牌，即道经记载的"都天豁落猛吏赤心忠良制

图五 九天普化宫悬塑局部

图六 九天普化宫正殿东面悬塑上的雷部众神像

图七 九天普化宫天医陶天君神像

鬼缚神火雷霹雳灵官王元帅善"，他"赤面，赤发，黄结巾，金甲，红罩袍，左手执索，右手持铁鞭，绿靴，背负虎皮袋，状貌威恶"[23]。除左手执索外，王善也有握雷局、执金砖或拽袖的记载，但金鞭与"赤心忠良"四字确是王元帅的显著特征，见《绘图三教源流搜神大全》："玉帝敕封豁落王元帅，赐金印如斗，内篆赤心忠良四字，管天下都社令，凡有方士奏入者，雷厉风行，察有大过者立捶之"[24]。

图七是天医陶天君神像，《道法会元》称为"五雷天医陶使者"，其形象为

"赤身肉翅，凤嘴银牙，跣足凤爪，头戴天丁冠，左手执救治药葫芦，右手持斩邪宝剑，掌管风云雷雨电功过事"[25]。这尊

神像也出现在图四的左下角，可见其位置在九天宫正殿的正面。塑像极为生动，三目有神，肉翅微张，足下祥云堆叠，饰带纹理分明，艺术水准极高。

图八是岳天君神像，据图九所示，其位置正在天医陶天君之下，也位于九天普化宫正殿的正面，是比较主要的神像之一。岳天君形象为披甲，戴幞头，右手执长枪，左手做捋须状（放大照片细节可以看到神像额下有断须一截）。岳天君即岳飞，是由南宋抗金名将演变而成的神灵，来源于民间信仰。

图一〇上排右一的神像是猛吏太岁殷郊元帅，他面似孩儿，颈部有一圈圆球状装饰物，左手执钟，右手执钺。殷郊乃纣王之子，曾戮十二丧门哭鬼骷髅神，悬首挂颈而回，所以神像颈部的装饰为小骷髅头。《道法会元》记载他的形象为"青面束发，顶中作髻，红发鬈，朱衣，大神顶上一骷髅，项下九骷髅，左手持金钟，右手持黄钺，乘九头金牛"[26]，或"丫髻，青面，孩儿相，项带九骷髅，额带一骷髅，裸体，风带，红裙，跣足，右手黄

图八 九天普化宫岳天君神像

图九 九天普化宫陶天君、岳天君神像

图一〇 九天普化宫东西两厢诸神像及牌位

图一一　九天普化宫东西两厢神像及五岳圣帝牌位

钺，左手执金钟"[27]。

上排左二的神像手持长枪，可能为雷部张天君节。张节为《封神演义》中闻仲于黄花山狮子崖收归麾下的四将之一，其兵器为长枪，后被黄飞虎刺死，姜子牙封其为雷部二十四天君之一。雷部诸神在流传中有许多不同的说法，张节的形象特征也不甚明显，所以这里仅仅是笔者的一个猜测。

下排左一的神像头戴铁幞头，颇似雷部元帅赵公明，即民间俗称的财神，《道法会元》称其头戴铁冠，手执铁鞭，面色黑，跨虎[28]，后三个特征都没有反映在九天宫这尊塑像上，然而头戴这类铁冠的形象在雷部诸神中仅有一位，尽管细节有一定差异，也基本可以确定是赵公明。

图一一的神像左手执锥，右手执锤，但不像邓天君一样凤嘴银牙，似乎更符合上清神烈阳雷神君苟留吉的形象，"青面三目，赤发，头戴天丁玉冠，金甲朱衣朱履，左手执雷锥，右手执雷锤"[29]。

《燕风漫钞：九天宫》一文载九天宫"东西两厢之神座上，站立有雷部各位天尊，每尊神圣前各有神牌记事，其上字句，概为叠韵变声，如荡荡瀴瀴等句，均极其平仄调谐之能事"。图一〇的神牌上所书为"三官四圣皇皇法主玄天""十方灵宝隐隐列隅真宰""三清三境玄玄道德高尊"，确如记载的那样"概为叠韵变声""均极其平仄调谐之能事"，图一一神牌上为"五岳圣帝森森辅弼至尊"，其文字在现存道经中没有找到完全一致的来源，可能是九天宫的建筑者和供奉者的一种再创作。"皇皇""隐隐""玄玄""森森"等叠韵形容，不只音韵协调，易于诵记，还塑造了道教宫观玄奥、微妙的氛围，为九天宫供奉的诸神像增添了气韵。

根据道教信仰和民间传说推断，"三官四圣皇皇法主玄天"神牌上，三官应为天官、地官、水官，四圣为北极四圣真君，是道教的四位护法神，"皇皇法主玄天"应是指玄天上帝，即真武大帝。"十方灵宝隐隐列隅真宰"中，十方灵宝指东方、南方、西方、北方、东北方、东南方、西南方、西北方、上方、下方十个方位的无极太上灵宝天尊。"三清三境玄玄道德高尊"指道教三清，即玉清圣境元始天尊、上清真境灵宝天尊、太清仙境道德天尊。"五岳圣帝森森辅弼至尊"是指掌管东岳泰山、南岳衡山、西岳华山、北岳恒山、中岳嵩山五位神灵，历代奉祀不绝，民间尤以东岳大帝信仰最盛。综合图一〇、图一一来看，照片拍摄的神像与他们身前所供的神牌并不对应，神牌的位置可能有过变动。九天宫除正殿外，"东西有配享配殿颓圮已久，今所存者，不过昔日之神座砖台而（尔）"[30]，由此推断，神牌亦可能是从颓坏的东西配殿移过来的。

三、照片所见九天宫及其造像的历史脉络

九天宫供奉的真武、九天应元雷声普

化天尊及雷部众神，代表了道教的雷神信仰，这一信仰到明代形成规模，一度十分兴盛。据吕宗力、栾保群先生考证，"从单一的雷神——雷公、雷师发展为由众神组成雷部，形成类似封建官府甚至军队的复杂组织，很难说准是从什么时候开始的。但据《法苑珠林》所载，至迟在唐以前雷神已有从民间抽征徭役的行为。宋代民间传说中的雷神，常常有数名同时出现，而且已有雷部的称谓。明代始形成较固定的雷部众神体系，如邓、辛、张、陶、庞、刘、苟、毕之流，这一体系至近代仍有相当影响"[31]。结合照片资料，可以看出从明代建立到民国衰落，九天宫造像及其所代表的雷神信仰一共经历了三个阶段。

（一）明代兴盛期：不断演变和发展的民间雷神体系

明代官方和民间的道教信仰十分兴盛，明成祖宣称其在靖难之役中得到过真武大帝的帮助，在登基后大兴崇奉真武之风，真武及九天应元雷声普化天尊均被列入官方祭祀。明孝宗时，命礼部尚书周洪谟就国家祀典中的神灵作一梳理，见《明史·礼志四》："（弘治元年）尚书周洪谟等言……雷声普化天尊者，道家以为总司五雷，又以六月二十四日为天尊现示之日，故岁以是日遣官诣显灵宫致祭。夫风云雷雨，南郊合祀，而山川坛复有秋报，则此祭亦当罢免。[32]"对于真武祭祀，礼部也认为应恢复洪武旧制，减少官方祭祀的次数。孝宗做出保持真武奉祀不变的决定，"余如所议行之"[33]，即认可了九天应元雷声普化天尊职能重复，应合并或取消祭祀。

在这样的历史背景下，尽管受到官方崇奉道教的影响，九天宫内部造像仍然具有鲜明的民间特色，呈现出一个受到道教典籍、小说、戏剧、传说等多方面影响的，不断演变和发展的民间神灵体系。其雷部神像的形象与特征，大致有以下几个方面的来源：一是宋元明以来的道教典籍、神谱等，如南宋《九天应元雷声普化天尊说玉枢宝经》、约成书于明初的《道法会元》和《三教源流搜神大全》；二是通俗小说，如《封神演义》；三是民间传说，如被列入雷部天君的宋代抗金名将岳飞。

但无论是在道教文献中，还是明代道教水陆画和民间传说中，都找不到和殿内诸神的数量、身份、主次顺序完全一一对应的记载。如前文所述，九天宫中所供的两尊主神像，即真武像与九天应元雷声普化天尊像，都表现为左手执鞭，右手拈诀，在主要特征上出现了一定程度的模糊与混同。而其他雷部神像虽已初具规模，但没有形成完全固定的体系，如雷部众天君常以邓伯温元帅为首，但在图五中出现的邓天君像仅为悬塑局部一尊较小的神像，并不占据主要地位，图四所见的同为"雷霆三帅"之一的张元伯则被塑造在正殿十分显要的位置，这或出于雕塑者刻画其左手执旗，随风卷舒之态的目的。创作者不拘泥于神像的生硬排列，而是依据神像的面貌和情态，创作出互相联系、充满张力的完整场景，这也使九天宫造像更具独特的艺术价值。

（二）清代过渡期：官方与民间视野里不断衰落的雷神信仰

据现存清顺治四年重修碑记载："九天普化宫殿宇恢弘，香火旺盛，都人立社虔祝天子万寿。[34]"清顺治五年玉枢宝经碑有顺治帝御书序，称雷声普化天尊"尝管广大愿，欲拯未来世，故凡世人五行九曜之不顺，沉疴痼疾之难痊，官符口舌之缠连，卜筑兴修之禁忌，婚娶产育之弗利，妖孽瘟疫之未除，与夫水火盗贼之害，三灾九横之厄，诵此经者而能变凶为吉，化疹成祥，感应之机，捷于影响，其功德信，不可以思议也"[35]。可见清代九天宫仍沿袭祭祀活动，并在清初得到了官方支持。

清代官方对道教的崇奉不如明代，但民间仍然香火不绝。此后对于九天宫的记载多见于民间香会的奉祀，如清乾隆五年（1740）《盘香会碑》："盘香之会则弟子三人率众自雍正十三年始，接续以至于今，其进献盘香则又有九天宫、赦孤堂共三处如一焉。[36]"清同治五年（1866）《糊饰窗户会碑》："弟子孙来福等去岁随扈东岳庙行，见殿宇尚称辉煌而棂间有损坏，因忆从前有糊饰窗户之会，废弛多年无人继理，遂不觉发愿重整，谨于今春会和同志诸公将东岳庙、九天宫、慈尊寺糊饰一新。[37]"又如清光绪十九年（1893）《献茶会碑》："敬备清茶从正殿暨各配殿并九天宫慈尊庙。[38]"以上诸碑皆出土于东岳庙，各类香会基本都是将九天宫作为东岳庙一系来进行统一祭祀，对真武大帝、九天应元雷声普化天尊及雷部诸神的职能只字不提。此外，清代还有将九天应元雷声普化天尊作为行业神的记载，例如糖饼行刻立碑文，祈望"九天雷祖师之保佑"，"公平信义，永昭著于千年，久而益甚，规矩准绳，期相传于百世[39]"，多出于雷神掌物掌人、维护公平之能，且供奉雷祖在马神庙，也不在九天宫。可以说与宋明以来，甚至清初顺治御书序文中九天应元雷声普化天尊的无边神力相比，民间真武地位下降，雷神信仰也日渐式微，九天宫逐渐失去了独立的地位，仅作为东岳庙一系的从属庙宇享受香火，因此常有人将九天宫归入东岳大帝信仰体系。但就现有照片来说，至少在九天宫建立之初，其内部陈设和造像并没有突出东岳大帝信仰，而是保持着雷部独立的神格。

（三）民国衰落期：民众世俗生活和神灵想象中的遗迹

民国初年，九天宫尚在举办庙会，"庙期与东岳庙同[40]"，在当时人们的印象中，相邻的十八狱庙代表地狱，东岳庙是审判机关，九天宫则代表天堂："这个殿中做成满遍的云彩，峥嵘崎崖直冲而上，到上面有神位，什么玉皇大帝、二郎神、二十八宿、四大金刚、哼哈二将、四大天王等等，及各天兵天将无一不全。这都是用木质做的雕刻细活，森严灿烂，令人一看，仿佛天上人间毕现眼前。[41]"萧乾也在参观过东岳庙的阎王殿后，在隔壁的九天宫感受到截然不同的景象："顾名思义，九天宫就是阳世行善者，死后将升入的天堂。这是一座山形的巨大木质建筑，宛若由一朵朵云彩堆积而成。云间有一木梯，蜿蜒而上。每次逛完东岳庙，我都必然登上九天宫，吃力地爬到它的顶部，恍如站在九天之上来俯瞰人间了。这两座毗邻的建筑物代表两种迥然不同的境界，真是赏罚分明，立竿见影。我就是在对72司的恐惧和对九天宫的憧憬中，糊里糊涂地度过少年时代的。[42]"可见在清代后期至民国，九天宫因地理位置与东岳庙相近，祭祀和庙会活动与东岳庙相关，加之真武与雷神信仰式微，已经很少有人能认出九天宫所供奉的神灵及其各自职能，人们不免望文生义，以"九天宫"为代表"九天"之处，笼统地认为它所描绘的是天堂的景象，使九天宫成为与东岳庙、十八狱庙为一系列的更加贴近民众世俗生活和神灵想象的宫观。

繁盛一时的东岳庙在二十世纪三四十年代衰落，作为其附属的九天宫更是破败失修，香火断绝。1931年，九天宫"每月收支在四五百元上下不等，连住持共二人，庙十八亩二分七厘，房屋五十二间半，无附属土地和房屋，神像七十二尊内，铜像三尊，余均泥胎，木质画像十一，归东直门药王庙管理房间租赁[43]"。1935年，九天宫只剩住持一人，"月租洋十五元余，除租外余皆自用[44]"，更加不可能维持法事活动，九天宫与雷部诸神自此面目模糊，湮没于历史长河之中。

四、结语

综上所述，首都图书馆馆藏的九天宫相关历史图片一组，展示了九天宫所供真武大帝、九天应元雷声普化天尊及雷部诸神的真实面貌，具有极高的史料和文化价值。从明代建立之初形成独立的雷神体系，直到清代、民国作为代表天堂的更加贴近世俗生活的宫观，九天宫作为道教及民间信仰发展演变的缩影，值得我们进一步关注和解读，以老照片为代表的影像资料，也为相关研究打开了新的视野。

① ③ ㊵马芷庠编：《北平旅行指南》，经济新闻社，1935年，第226页。

② ㊶芙萍：《九天宫》，《世界日报》，1926年9月8日。

④陈巴黎：《隐于闹市的记忆——记朝阳门外九天普化宫》，《北京文博》2007年第2期。

⑤北京市古代建筑研究所编：《北京古迹概览·上》，北京美术摄影出版社，2019年，第540页。

⑥ ⑫ ⑭ ⑮ ⑰ ⑲ ⑳ ㉚ ㊸痴呆：《燕风漫钞：九天宫》，《一四七画报》1946年第3卷第11期。

⑦〔宋〕佚名：《太上说玄天大圣真武本传神咒妙经》，《道藏》第18册，文物出版社，1994年，第38页。

⑧《九天应元雷声普化天尊玉枢宝经集注》卷上，《道藏》第2册，文物出版社，1994年，第569页。在这部经卷里，九天应元雷声普化天尊也有坐九凤、手举如意的形象描述。

⑨《九天应元雷声普化天尊玉枢宝经集注》卷上，《道藏》第2册，文物出版社，1994年，第584页。

⑩王宜峨：《道像庄严：壁画水陆画版画的神仙世界》，五洲传播出版社，2016年，第180—181页。

⑪王宜峨：《道像庄严：壁画水陆画版画的神仙世界》，五洲传播出版社，2016年，第236—237页。

⑬东郊区九天宫道人白贤珍登记庙产的呈及社会局的批示（附寺庙登记表），北京市档案馆，档号：J002-008-00386，民国二十年（1931）。

⑯《道法会元》卷九八，《道藏》第29册，文物出版社，1994年，第423页。除此之外，张元伯也有腰插雷旗、双手执斧或是左执奏章、右执斧的法相。

⑱《道法会元》卷八一，《道藏》第29册，文物出版社，1994年，第315页。

㉑《道法会元》卷五六，《道藏》第29册，文物出版社，1994年，第139页。

㉒此处参考照片背面拍摄者注释："THE SUN=red disk at top"。

㉓《道法会元》卷二四二，《道藏》第30册，文物出版社，1994年，第493页。

㉔《绘图三教源流搜神大全》，上海古籍出版社，1990年，第179页。

㉕任宗权：《道教全真秘旨解析》，宗教文化出版社，2016年，第213页。

㉖《道法会元》卷三七，《道藏》第29册，文物出版社，1994年，第7页。

㉗《道法会元》卷二四六，《道藏》第30册，文物出版社，1994年，第518页。

㉘《道法会元》卷二三二，《道藏》第30册，文物出版社，1994年，第445页。

㉙任宗权：《道教全真秘旨解析》，宗教文化出版社，2016年，第224页。

㉛吕宗力、栾保群著：《中国民间诸神》，河北教育出版社，2001年，第126页。

㉜ ㉝〔清〕张廷玉等：《明史·礼志四》卷五十，中华书局，1974年，第1306页。

㉞〔清〕梁云构、王志举书、邓旭篆额、王承德镌：《九天普化宫碑》，《朝阳区石刻拓片展》，http://www.cylib.cn/pc/details.html?2_5。

㉟〔清〕爱新觉罗·福临序：《玉枢经碑》，《朝阳区石刻拓片展》，http://www.cylib.cn/pc/details.html?2_5。

㊱〔清〕盛煌：《清乾隆五年盘香会碑》，《中国金石总录》，www.ch5000.com.cn。

㊲〔清〕寅光：《清同治五年糊饰窗户会碑并额》，《中国金石总录》，www.ch5000.com.cn。

㊳〔清〕梁锦奎：《清光绪十九年献茶会碑并额》，《中国金石总录》，www.ch5000.com.cn。

㊴李华著：《明清以来北京工商会馆碑刻选编》，文物出版社，1980年，第134页。

㊷陈华昌、黄道京主编：《一对老人两个车间：萧乾文洁若散文》，太白文艺出版社，2005年，第193—194页。

㊹内四区九天宫道士李厚增登记庙产的呈及社会局的批示（附寺庙登记表），北京市档案馆，档号：J002-008-00389，民国二十五年（1936）。

（作者单位：首都图书馆）

北京先农坛建筑布局与空间尺度研究

马全宝　刘雨轩　马婉凝　赵　星

中国传统官式建筑群多是由多个单体建筑或院落组群组合而成一个较大的封闭院落，而在有限的范围内进行布局往往会形成特定的规律性。经过前人研究表明，中国传统建筑群布局必定有一套规划设计原则、方法和艺术构图规律，从宫殿、坛庙、官署、宅邸、寺观等无不体现出这一规律性，如主体建筑居中、模数控制、方圆构图和格网运用等[①②]。探寻古人在建筑群布局规划方法和设计意象，是研究中国传统建筑设计理论的重要方向。北京先农坛作为明、清皇家祭祀建筑的杰出范例，是明清两代重农固本思想的物质载体[③]，其建筑布局保存基本完整，是研究坛庙建筑空间布局的重要对象。本文以北京先农坛为对象，探究其建筑布局方式及空间尺度关系。

一、先农坛形制变迁

先农坛位于北京中轴线南侧，与天坛东西对立，占地2000亩，是明清两代皇帝祭祀先农、太岁、山川、天地神祇、风雷云雨等神灵并举行亲耕礼的场所。先农坛有内外两重坛墙，内坛墙为方形，外坛墙北圆南方，与天坛轮廓相似。除天神地

祇坛位于内坛墙外，其余建筑包括太岁殿建筑群、神仓建筑群、神厨建筑群、庆成宫建筑群、具服殿、先农神坛、观耕台、焚帛炉等均位于内坛墙内。

先农坛与天坛同时建造于明永乐十八年（1420），永乐时期称为山川坛，如图一所示，仿南京旧制，"山川坛，在正阳门南之右，永乐十八年建。缭以垣墙，周回六里"[④]。嘉靖年间，在先农坛内垣墙之南，建造了天神、地祇两座祭坛，并改山川坛名为神祇坛。而到了明万历四年（1576），神宗皇帝将神祇坛更名为先农坛，这一名称一直沿用。乾隆年间，对先农坛进行了大规模的改建：将观耕台改木质为石质；拆除旗纛庙前院，将神仓移此；拆除具服殿与藉田之间的仪门；将明

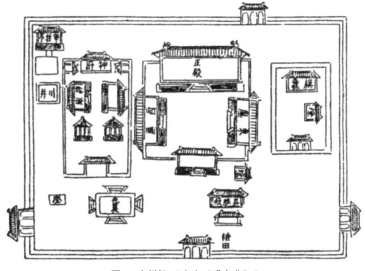

图一　山川坛（出自《明会典》）

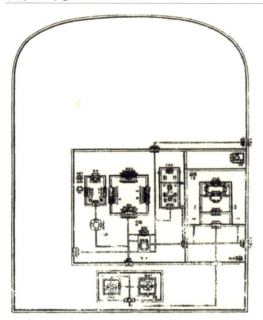

图二 清代先农坛总图（出自《清会典图》）

代斋宫更名为庆成宫。至此，先农坛的形制布局基本形成⑤，如图二所示。

如今先农坛的空间布局相对于清末时期大不相同，外坛墙体基本被拆除或改动，只保留南侧外坛墙与部分东侧外坛墙；外坛区不再以植被覆盖，而是被学校、医院、办公楼、居民区等现代城市用房所占据，已完全融入城市肌理当中，但先农坛内的主要建筑还仍然存留，如图三所示。由于没有详细准确的清代先农坛总平面测绘图，只能根据现存建筑布局的测绘图及北坛墙留有的道路痕迹并结合相关文献、历史图集，来推断出清代乾隆时期的先农坛总体布局，以进行空间尺度研究。

二、先农坛建筑布局分析

（一）先农坛选址

先农坛位于明清北京城的南侧，与天坛相对而立。而将其选址于此，其原因可能是从明代开始，为加强防御及发展城南商业贸易，北京城的扩建一直向南迁移，内城已被王府、官署等建筑占据，但都城南侧还有足够的空地放置这些大型坛壝，

并且，将山川坛（先农坛）与大祀坛（南京天坛）放置于皇城南侧，二者东西对立布置，这也是沿袭了南京城的布局方式，如图四所示。

曹春平的《中国古代礼制建筑研究》提出：自汉代以来，许多朝代都将先农坛放置于都城东郊、南郊或东南郊，将先蚕坛放置于西郊、西北郊或北郊⑥。皇帝行耕藉礼，皇后行亲蚕礼。在古代阴阳观念中，东、南为阳，西、北为阴；天为阳，地为阴；男为阳，女为阴。明北京城将先蚕坛放置于北侧，南侧放置先农坛，也符合这一观念。同样，藉田与郊天相比，郊天为阳事，藉田为阴事，东为阳，西为阴，并且藉田的祭祀等级要小于郊天，故将先农坛放置于天坛西侧，二者东西对立，体现出古人辩证统一的思想观念⑦。

（二）先农坛与天坛形制对比

先农坛与天坛同时建于永乐十八年，在《明会典》及《洪武京城图志》（图

图三 先农坛卫星图（截自百度地图）

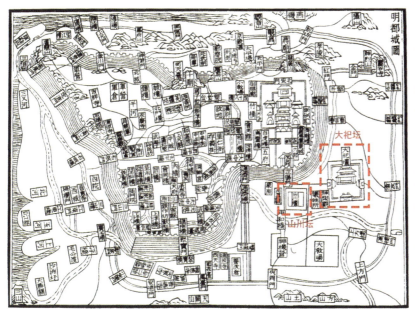

图四 明南京城（出自[明]陈沂撰：《金陵古今图考》，南京出版社，2006年）

五）绘制的总图中，山川坛围垣均为方形，而大祀坛为北圆南方，从而猜测：在永乐时期的山川坛始建时，可能效仿南京坛制为方形。天地坛合祭天地，其坛垣形制北圆南方象征天圆地方，而山川坛祭祀山川地上之神，其围垣为方形象征地方。

嘉靖时期，在山川坛南侧增建天神地祇坛并更名为"神祇坛"，为符合其祭祀天神与地祇的属性，坛垣亦按天地坛形制改为北圆南方⑧。同时，也是为了天街两侧街景对称，扩大周回六里的山川坛外轮廓，使两坛东西两墙长度相近，北侧同为圆弧。

先农坛与天坛位于北京中轴线南端两侧对称

布置，其形制布局有一些相同之处：二者均采用北圆南方的双重坛墙形制；二者外坛墙均在朝向天街一侧开门，各开两门，太岁门与祈谷坛门相对，先农门与圜丘坛门相对，其他三面外坛墙均不开门，而内坛墙四面均开门；二者南北方向长度接近，南侧外坛墙在同一直线上；两坛形制布局均未东西对称，没有明确的南北中轴线，但各含有一条建筑轴线，先农坛为太岁殿—内坛南坛门—天神地祇坛一线，天坛为北天门—祈年殿—丹陛桥—成贞门—皇穹宇—圜丘—昭亨门一线；先农坛轴线向西偏移，天坛轴线向东偏移，由于二者的入口均位于天街一侧，拉长入口与轴线的距离，会使进入者

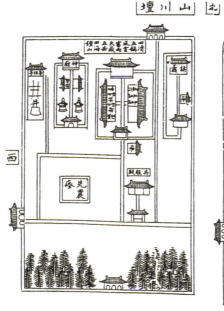
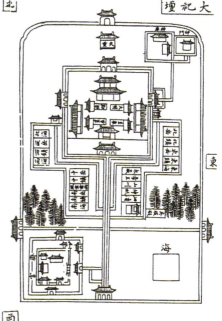

图五 南京山川坛与大祀坛（南京天坛）总图对比
（出自[明]礼部纂修：《洪武京城图志》，南京出版社，2006年）

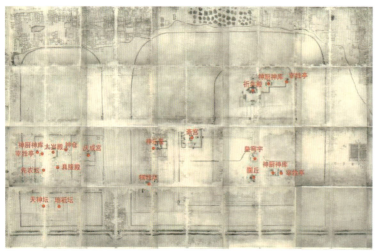

图六 先农坛与天坛对比图（据清《乾隆京城全图》拼合）

祀建筑，而且在先农坛总平面上，先农坛与具服殿位于坛区建筑轴线两侧，二者位于同一直线上，方便祭祀仪式的进行；将先农坛放置西侧，靠近神厨神库，方便为其提供祭品、牌位；坛区建筑轴线向西偏移，东侧就有更大的空间放置具服殿、观耕台以及耕藉田；同时，此种布局方式也避免了流线重复，耕藉礼完毕后直接从东坛门出，而不必经过已经完成祭祀仪式的场地（图七）。

感觉坛内空间更加宏伟广阔；具服殿、具服台均设置在轴线的东侧，靠近轴线；斋宫（庆成宫原为斋宫）均设置在靠近入口的一侧，便于皇帝使用，神厨、神库、宰牲亭等后勤用房则设置在远离入口的一侧（图六）。

（三）基于建筑功能对先农坛总体布局的分析

先农坛内建筑布局灵活，每组建筑群体用院墙进行划分，既避免了由于建筑体量、造型差异带来的视觉冲突，实现建筑体量尺度的和谐统一，又保证各种祭祀仪式互不干扰，并根据建筑群不同功能及祭祀流程，将各个群体巧妙布局，形成了先农坛独有的空间布局特色[9]。本节通过对先农坛建筑功能、祭祀流程的研究，对其总体布局方式展开分析。

自汉代以来，祭祀先农与耕藉礼的仪式共同进行，直到明代才将二者分开，但仍为同一天举行。根据《钦定礼部则例》等文献中对祭祀过程的记载，祭祀当天，皇帝首先会从先农门进入，穿过第一进院落，从内坛东坛门直接到达先农坛，举行先农祭祀仪式；祭祀完毕后，在雍正、乾隆、道光时期，有时会到太岁殿上香；这之后，皇帝再到具服殿更换黄龙袍进行耕藉礼；四推后登观耕台观看终亩，礼毕后回宫。通过这一祭祀活动，可以看出先农坛与具服殿为一组祭

太岁殿院落供奉山川诸神，供奉神明数量在先农坛内最多，所以其院落规模最为宏大，位于内坛中部，地位最高。在东外坛墙北部设置太岁门，穿过内坛北坛门，可直接到达拜殿进行祭拜，其动线与

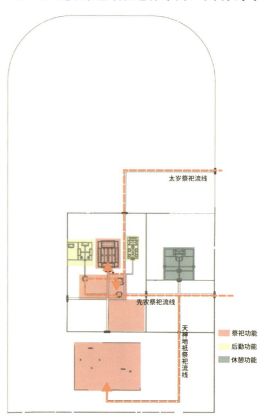

图七 先农坛功能分析图

其他祭祀仪式互不干扰。

天神地祇坛位于内坛南侧、外坛范围内，天神、地祇本供奉在太岁殿当中，在嘉靖时期迁出，在南侧建天神地祇坛，将其放置于与太岁殿同一条轴线上，并且其入口与太岁殿相同均朝南，使二者在空间布局上具有一定关联性。天神坛与地祇坛在轴线两侧布置，东为天神，南向；西为地祇，北向。这也与古代阴阳观念中，东为阳、西为阴的风水格局相同。

神厨神库放置在内坛西北角，以后勤功能为主，靠近太岁殿、先农坛，方便为其提供祭祀贡品、储放神牌等；而处于与之相对位置的旗纛庙（乾隆时期拆除）地位更高，古代以左为尊，以左为东，自然位于地位较高的东侧。

神仓放置于内坛东部，方便存放耕藉礼使用的器物以及储存耕藉田收获的谷物，而此时只有旗纛庙东侧留有空地，西侧是通往太岁殿的道路，便可在东侧设置神仓。后乾隆皇帝以旗纛之神已在各军校场有祭祀为由，下令将旗纛庙拆除，将神仓迁建于此，这便形成今天的格局。

庆成宫院落位于先农坛内垣东北部，其最初为斋宫，是皇帝进行斋戒的场所，后因在祭祀先农之前皇帝不再进行斋戒，在乾隆时期改为行庆贺礼、休息和犒劳百官随从之地，并更名为庆成宫。作为先农

坛内离入口最近的建筑，以其最初的功能来看，将其设置在第一进院落，这样可以缩短路程，方便皇帝进行斋戒；同时，将其自成一院，以分隔祭祀场所与斋戒场所，既避免皇帝斋戒前的不净之身进入祭祀场所，以尊重神明，也保证了斋宫的防御性、私密性，防止在准备祭祀事宜、布置祭祀场地时打扰到皇帝。

三、先农坛空间尺度研究

（一）外坛轮廓复原

关于先农坛的外坛墙尺寸记载，在《清会典图》[⑩]中描述了"外垣南方北圆，砌以城砖，覆瓪瓦，周一千三百六十八丈"，但其南北、东西等具体尺寸并未描述。我们可以根据现有测绘数据，并结合《乾隆京城全图》、历史航拍图、《宣南鸿雪图志》及网络卫星地图中的先农坛总图进行推测（图八）。

通过测量现存的南侧外坛墙体可得出先农坛东西宽度约为807米，内坛南北长451米，东西宽575米。根据墙体的比例关系，可以推算出先农坛南北跨度大约为1500米。在卫星图上测量南北长度也约为1500米。根据《清会典图》中，描述先农坛"周一千三百六十八丈"，按照清代营造尺一丈等于3.2米，

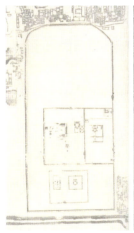   

1750年　　1943年　　20世纪末　　现状

图八 先农坛总平面图对比图（据网络资料改绘）

则坛墙周长为1360×3.2=4352米。在卫星图上，测量北坛墙留有的道路痕迹，其圆弧半径约为246米，则坛区南北距离约为：[4352-246×3.14-807-（807-246×2）]÷2+246=1474.78米，所得出的数值也与1500米相近。

根据以上计算，得出坛区南北距离大约为1500米，而这个数值也大约是内坛北侧墙到外坛南侧墙距离755米的两倍，但是由于选取的数据较为模糊，其具体数值无法确定，本文暂且用1500米作为先农坛南北距离长度。

（二）空间尺度研究

1.平格网在中国传统建筑规划中的应用

中国古代在绘制地图时，会按照一定比例在地图上绘制出方格网，以控制各要素的方位和距离，此方法称为"计里画方"，如宋代《禹迹图》、元代《皇朝建康府境之图》、明代《广舆图》均以此种方法绘制而成。在清代样式雷图档中，很多图纸上留有由墨或朱线绘制的方格网，即平格，如《圆明园地盘图》《惠陵抄平格子本》《南海瀛台地盘平格样》均留有平格网的痕迹。清代工匠根据绘制出的平格网，不仅可以方便了解场地情况，也更容易把握建筑群中各单体之间的视距关系，确定院落墙体所围合的空间尺度，以便完善大规模组群关系[11]。

傅熹年先生在对中国古代规划设计方法的研究分析中，认为古人在对院落组群具体布置时，也是采用了以一定尺度的方格网为基准的布局方式。院落组群中的各个单体建筑由于主次地位、尺度的差异，无法使用同一模数，选用适当尺度的方格网，以使建筑与院落空间之间形成一个共同参照的尺度标准。通过将二者的关系简化成网格数，更易于控制各建筑单体的尺度大小以及单体与组群庭院的空间关系，以达到主从分明、比例适当、互相衬托，具有整体性和统一谐调的效果[12]。

基于前人对平格网的研究，更加明确

了平格网是我国古代建筑规划设计中的应用方法之一。通过使用平格网在对先农坛空间布局尺度分析时，也更容易观察到，以某一模数控制下的总体布局、建筑布局以及院墙布局之间的空间尺度关系。

2.基于平格网对先农坛总体空间布局分析

根据前人研究，在建筑群组的规划中，特大型建筑群以50丈为模数，一般建筑群则以10丈、5丈等为模数[13]。《圆明园地盘图》中使用了百尺（即十丈）平格，《南海瀛台地盘平格样》、太平峪吉地平格地势画样中也均采用了十丈见方的平格[14]。据此，本文先采用十丈见方的平格对先农坛空间布局进行分析。

由于先农坛大部分的建筑及规划布局始于明代，并且清代只是进行小尺度的改建，并未有大尺度的变化，所以按照明代尺长0.318米进行折算。我们以10丈为模数构建平格网，即31.8米×31.8米（为方便读取数据，深色平格网边长为20丈，即63.6米×63.6米）。前文已提到，先农坛

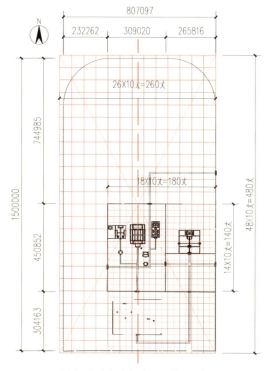

图九 先农坛空间布局平格网分析

外坛墙大部分已消失，并且在历史上外坛墙经历过多次改扩建，如今其具体位置无法确定，但内坛墙较为完整，因此以内坛墙位置为基准，将10丈网格放置于总平面上，而后发现此平格与先农坛的建筑布局及院落划分契合度较高，且体现出一定的模数关系（图九）。

此平格网虽略大于先农坛占地范围，但其与先农坛整体布局具有较多的对位关系：

先农坛整体位于26×48的平格内，东西260丈，南北480丈；内坛区域与网格线基本重合，位于18×14的平格内，东西180丈，南北140丈；天神地祇坛位于8×6的平格内，东西80丈，南北60丈。

平格网的几何中心点落于北内坛墙上、内坛北坛门西侧。并且，其中线穿过内坛南坛门与神祇坛门，与太岁殿院、天神地祇坛中轴线重合，这与《明会典》山川坛图中太岁殿院与南坛门位于先农坛中轴线上的布局方式相同。除太岁殿院与天神地祇坛外，神厨院、神仓院及庆成宫院等先农坛内主要建筑群院落的中轴线，也与平格网存在对位关系。除此之外，此平格网也与先农坛内的院落墙体以及道路存在不同程度的契合度。

根据上述先农坛空间布局与平格网所产生的对位关系，进一步说明古代工匠在对先农坛建筑群的总体规划过程中，以10丈见方的平格进行规划设计的可能性较大。

3. 基于平格网对单体院落空间布局分析

在对先农坛总体布局进行研究时，个别墙体或院落会与半个网格（即5丈）产生对位关系，从而推测，单体院落布局可能是以5丈为模数，并进行核验。以5丈为模式构建平格网，即15.9米×15.9米，以院落中轴线或外轮廓为基准，将其放置在先农坛单体院落平面上，发现二者的对位关系较少，但大多墙体处于网格中线上。再在5丈平格网基础上进一步缩小网格，以2.5丈为模数构建平格网，即7.95米×7.95米，并将其与3丈平格网进行比对（图一〇）。

在对比中发现，2.5丈平格网与3丈平格网均与院落存在对应关系，但前者与院落中的建筑墙体、建筑轴网及院落内道路等契合度较高：庆成宫院落的外轮廓墙体相对3丈平格网更加契合，并且其二进、三进院院墙及一进院道路与2.5丈网格线重合；神仓院落外轮廓也在2.5丈平格网中更加契合；神厨院落二进院院墙及一进院轴线与2.5丈网格线存在对应关系；太岁殿院落内墙体围合的小院落及其建筑轴

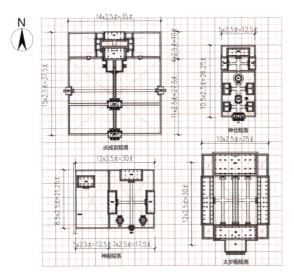
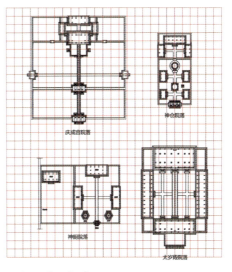

图一〇 单体院落空间布局平格网分析（左2.5丈，右3丈）

网、道路均与2.5丈网格契合度更高。

综上所述，可以推测出，先农坛总体布局是在以10丈为模数的平格网控制下进行规划设计，而单体院落是在以2.5丈为模数的平格网控制下进行布局的可能性较大。采用以10丈为模数与以5丈为模数的平格网案例已存在很多，但采用2.5丈的案例并未发现。也许古代工匠是在5丈平格网上或在总图上直接对院落单体进行设计，而并未画出2.5丈网格，但通过对比研究可以看出，2.5丈平格网确实与先农坛单体院落布局有着较高的契合度，这也许是先农坛建筑布局的特色之一。

四、结语

先农坛作为一组明清官式坛庙建筑群，同样是由多个院落组群组合为一个较大的封闭院落，但其布局方式有所不同的是，其坛内建筑并未对称布置，不存在明显的中轴线，而是由一条建筑轴线统领全局，各个建筑群体按照其所属功能以及祭祀流程进行布局，并以10丈为模数的平格网控制各组群之间的视距关系，以2.5丈为模数的平格网确定单体院落空间尺度，以完善总体布局，形成主从分明、比例适当、互相衬托、协调统一并具鲜明特色的

先农坛建筑群空间布局方式。

①⑫⑬傅熹年：《中国古代城市规划、建筑群布局及建筑设计方法研究》，中国建筑工业出版社，2015年。

②王南：《象天法地，规矩方圆：中国古代都城、宫殿规划布局之构图比例探析》，《建筑史》2017年第2期。

③⑤⑦韩洁：《北京先农坛建筑研究》，天津大学硕士学位论文，2005年。

④[清]孙承泽：《春明梦余录》，北京古籍出版社，1992年。

⑥曹春平：《中国古代礼制建筑研究》，东南大学硕士学位论文，1995年。

⑧曹鹏：《明代都城坛庙建筑研究》，天津大学博士学位论文，2011年。

⑨董绍鹏、潘奇燕、李莹：《北京先农坛》，学苑出版社，2013年。

⑩[清]《清会典图》，中华书局，1991年。

⑪⑭王其亨：《清代样式雷建筑图档中的平格研究——中国传统建筑设计理念与方法的经典范例》，《建筑遗产》2016年第1期。

（作者单位：北京建筑大学、北京市考古研究院）

中央民族大学民族博物馆藏清代云南契约文书所见白银书写记录研究

白　旭

一、中央民族大学民族博物馆藏清代云南契约文书研究回顾

自2016年以来，中央民族大学民族博物馆从云南省大理巍山民俗博物馆先后购藏云南文书档案万余件，其中清代文书至少已达两千余件。巍山民俗博物馆负责人邹敬谦是彝族人。该民俗博物馆藏品以当地民俗文物及马帮文物为主，其藏品的归集始自邹敬谦的父亲邹体恒，其父在中华人民共和国成立前曾任巍山县县长秘书，中华人民共和国成立后担任生产队会计。邹敬谦从20世纪70年代开始民俗文物的收藏，在两代人所收藏品基础上，于2011年在巍山古城建立民俗博物馆。本文提及的清代云南契约文书曾是该民俗博物馆藏品的一部分，也是这批清代文书的主体。

2016年以来，中央民族大学民族博物馆对于这批清代文书的整理与研究工作持续推进，已有多篇研究论文问世，对中央民族大学民族博物馆藏清代云南契约文书（后文简称"民大清代云南契约文书"）的类型、内容结构、地域特色及历史社会内涵进行了广泛的研究与讨论。既往研究大体完成了对这批契约的命名、分类与初步解读，但是对契约文本中的货币信息仅零星涉及，缺乏专门讨论①。

二、民大清代云南契约文书中的货币信息

从概念上，契约是指当事者相互合意而达成的约定或协议。这种约定或协议若为口头约定，则为口头契约；若行诸文字，则为书面契约。契约文书是指记录当事者协议或约定的纸质文献，如敦煌契约文书、徽州契约文书等。对于民大清代云南契约文书，笔者获睹其中478件，经过初步检视其中384件涉及白银、铜钱等货币信息。这384件契约主要包括担承契约、分单契约、加添契约、借贷契约、典当契约、抵换契约、买卖契约、收付契约、吐退契约、义助契约、赠与契约、租佃契约等类型。借贷契约因以货币本身为标的物，因此在契约内容中的标的物信息中通常出现货币信息，如乾隆二十五年（1760）七月十二日张能恭立借约："今立借约为因缺用，借到老伯新爷员下起利银贰拾两"。其中"银贰拾两"即是标的物信息。

典当契约和买卖契约中，货币信息作为标的物的典价或对价出现，如乾隆二十八年（1763）三月廿八日张能恭立典田文约："因有自己买得水田壹段，大小贰拾坵，坐落孙家厂上首，……凭中出典与蔡襄二哥名下管业，寔受典价纹银贰拾两入手应用，年纳租谷贰石肆斗。"其中坐落在孙家厂上首的水田是此份典当契约的标的物，而"纹银贰拾两"便是典价，或称为对价。

关于加添契约、义助契约，笔者曾指出二者是以原契（前契）为基础的补充契约②，其货币信息多是作为标的物典价或对价的追加而存在的，如嘉庆七年（1802）三月小哨左思元立加添文约："立加添文约人左思元……情愿立约加到小赤佛村毕有贵名下，银壹两整入手应用。其田坐落庄子门首。"在此件加添契约中，原契的标的物为坐落于村庄门口的农田，"银壹两"为追加（加添）的农田对价。

本文拟通过对这些契约内容中所涉的白银进行初步研究，补充既往研究遗漏的缝隙，将研究推向深入。

三、民大清代云南契约文书中的"白银"

云南在明代还用贝作为货币，进行贸易和纳税。《明史·食货志》记载明洪武十七年（1384）"云南以金、银、贝、布、漆、丹砂、水银代秋租。于是谓米麦为本色，而诸折纳税粮者，谓之折色"③。《嘉靖大理府志》载"独贸易用贝不用钱"④。在明代云南土地契约中，买地结算常用贝，有时也出现使用实物支付对价的情况。连瑞枝所揭崇祯十年二月禾妹立卖山地契书⑤就是例证：

立卖山地契书人禾妹……情愿将自己面分山地一块，坐落落以后大平……凭中出卖与本村罗鸭付名下，地价绵羊一支，作巴柒拾卉足。其地巴当日交付明白，中间并无短少。

这件契约来自大理鹤庆大稿村，从契文内容我们可以看到，契约议定土地价格为"绵羊一支，作巴柒拾卉"，巴即"岜"，也写作"蚆"，即是海贝，卉即是海贝的计量单位，也就是"索"。

从民大清代云南契约文书来看，已不见贝币的踪影，土地交易主要的结算货币为银钱。清代实行铜钱和银两的复本位货币制度，大数用白银，小数用铜钱。在民大清代云南契约文书中，总共有219份契约仅涉及白银等货币信息，157份契约仅涉及铜钱，8份契约同时涉及白银和铜钱。

顺康雍乾时期121份契约涉及货币信息，其中仅涉及白银的有98份，仅涉及铜钱的为22份，白银、铜钱皆涉及的有1份。嘉道咸时期有149份契约涉及货币信息，其中涉及白银的有86份，涉及铜钱的有57份，白银、铜钱皆涉及的有6份。同光宣时期共有114份契约涉及货币信息，涉及白银的有35份，涉及白银的有78份，白银、铜钱皆涉及的有1份。从契约的货币信息上看，我们似乎发现铜钱的使用在增加，白银的使用在减少。如乾隆时期有96份契约涉及货币信息，其中涉及白银者75份，涉及铜钱者20份。咸丰时期有37份涉及货币信息，其中涉及白银者11份，涉及铜钱者26份。光绪时期有82份契约涉及货币信息，其中涉及白银者27份，涉及铜钱者55份，见表一。

如前所述，买卖、典当、加添、义助等契约中的货币信息多是作为标的物的对价（或典价）出现的，因此契约文本中的价款信息是提取货币信息的关键点。契约文本中的价款信息通常采用货币名称加上货币数量的形式，如乾隆三十四年李元秀立实卖田地契文约载明"接授价银伍两伍钱入手"，如图一所示。

银的计量单位是"两""钱""分"

表一 民大清代云南契约文书所见银钱统计表

序号	年号	仅银	仅钱	银钱	合计
1	顺治	0	1	0	1
2	康熙	14	1	0	15
3	雍正	9	0	0	9
4	乾隆	75	20	1	96
5	嘉庆	54	6	2	62
6	道光	21	25	4	50
7	咸丰	11	26	0	37
8	同治	5	16	1	22
9	光绪	27	55	0	82
10	宣统	3	7	0	10
	总计	219	157	8	384

释文：价银伍两伍钱

图一

"厘"。在民大清代云南契约文书中对于银的表述主要有四种情况，即银、纹银、净银和面银。其中单独用"银"字的情况最多，"纹银"其次，还有"面银""净银""花银"的记录。

（一）关于"银"的记录

在价款信息书写上，罗芳以《云南省博物馆馆藏契约文书整理与汇编》为资料，对于清民时期云南契约文书中的俗体字所展开的研究值得关注。罗芳指出"银"字在清民云南契约中的俗写共有八种，其中包含"艮"这一俗体⑥。罗芳的研究成果有参考价值。同时，《宋元以来俗字谱》中"银"字也列出"艮"为俗体之一⑦。

在民大清代云南契约文书中存在以"艮"代表"银"的例子，且不罕见。如康熙四十八年（1709）十一月十五日李老奴立实卖山地文约(图二、图三)有"受价艮五钱"的记录，就是以"艮"代表"银"的实例，录文如下：

立实卖山地文约人李□□□□□遗□丁兄李伏保上纳。……只有山地一块坐落山唐菁……出卖与李和春为业，受价艮五钱。日后有力取赎，无力不得异言。今恐无凭，立此实卖山地文约存照。

康熙四十八年十一月十五日立约人

李老奴

母果氏

凭中李□

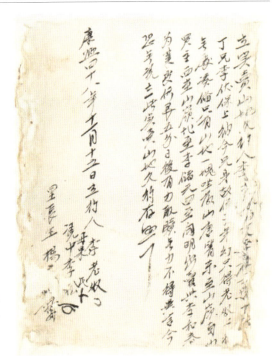

图二　康熙四十八年李老奴立实卖山地文约

释文：受价艮五钱

图三　康熙四十八年李老奴立实卖山地文约中的"艮"字

里长　王杨

但在民大清代云南契约文书中还存在以"艮"代表"粮"字例，乾隆五十九年（1794）毕有贵所立分单（图五）中存在用"良"与"艮"代表"粮"的情况，录文如下：

立分单人毕有贵，系小赤佛村住，[今]将祖遗田地及自己所治田地乙乙分清。前妻罗氏生子毕熊，分与田乙坵零乙截，坐落王家箐口。东至毕照田，南至毕焘□，西至路，北至公田，随纳；又河边上乙截，东至公田，南至公田，西至毕有伦田，北至毕焘田，随纳江里五甲王国清户粮贰升叁合叁勺；一分李家田乙半，东至毕焘，南至毕焘，西至李家田，北至小沟，随纳在八甲李梅户肆升，一分小田在内；又乙分毕有定田乙坵，良壹升；一分安如田上二截，粮贰升贰合；乙分左家田坐落狐狲嘴上，乙路艮壹升柒合；一分李家大田，东乙路艮在李梅户共四升。后娶妻左氏生子二。次子毕焘，一分田乙坵零乙截，坐落王家箐口，东至毕照田，南至公田，西至李家田，北至毕熊田；又河边中乙 截 ，纳江五甲王国清户贰升叁合叁勺；乙分李家田下乙半尖角田乙小坵，又大田中乙路，共纳在八甲李梅户肆升；一分毕法□田乙坵，坐落门首，粮乙升；一分安如田中乙坵，粮贰升贰合；乙分 左 忠田中乙路，艮壹升柒合。又三子毕照，一分田下乙 坵 零乙截，坐落王家箐口，东至公田，南至公田，西至毕焘，北至公田；又河边下乙截，纳江里五甲王国清户，贰升叁合叁勺 ；一分李家田下二坵大田，西乙路，粮肆升；一分毕法高田乙坵，坐落门首，艮壹升一分；安如田下乙坵，粮贰升乙合； 一 分左忠田下乙路，粮贰升陆合。一一分清，日后弟兄不得争端。至于和尚庄田乙坵，门首乙坵以为自己食废之资；又小姑姨妹二人日后所用田乙分，坐落庄子门首，又乙分坐落狐狲嘴东山脚左姓□二坵。所分无偏，愿后有任凭，立此分单存照。

乾隆五十九年九月九日立分单人毕有贵

代字 张锡五
凭中 大舅 左文权
族叔 毕兴如
再凭 李朝望

在整篇契约文本中"艮"字凡四见，三次以"艮壹升"的形式出现，图文如（图四、图五）。

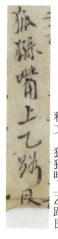

释文：狐狲嘴上乙路艮

释文：艮壹升一分

释文：乙路艮壹升柒合

图四

释文：一分李家大田东乙路艮在李梅户共四升

图五 乾隆五十九年毕有贵所立分单中的"艮"字

分单即家庭财产分割协议，又称为家产析分契约。从这份乾隆五十九年的毕有贵所立分单中，我们可知毕有贵有过两段婚姻，与前妻罗氏生有长子毕熊，和后妻左氏生有次子毕焘、三子毕照。这份分单中，毕有贵的三个儿子都获得了土地，部分地块甚至田土相连，如王家箐的土地，三人均有份额且连在一起，毕照所分土地在东，毕熊与毕焘所分土地在西。又如河边的土地，上一截归长子毕熊，中一截归次子毕焘，下一截归三子毕照，三人都在江里五甲王国清户缴纳田赋，而且税负相同，皆为"贰升叁合叁勺"，所以契文载明："随纳江里五甲王国清户粮贰升叁合叁勺"。细审文本，我们可以

释文：良壹升

图六

发现契约文本对于标的物—田土的描述遵循着相同的程序，即"田—田土数量—方位—四至—田赋信息"，涉及标的物的种类（田或地）、田土的数量（坵、路）、田土的方位与四至以及田赋。契约文本描述还有渐次省略的现象，如毕熊所分李家田，田赋信息为："随纳在八甲李梅户肆升"，显然在户后省略了"粮"字。又如毕焘和毕照皆分有左忠田一路（乙路），前者载明："艮壹升柒合"，后者载明："粮贰升陆合"。"升""合"是粮食数量的计量单位，两处皆为对田赋的记录，因此"艮"在这里应为"粮"字的减笔异体字。同样，毕熊所分毕有定田乙坵，载明："良壹升"，在这里"良"当为"粮"字的减笔异体字（图六）。

通过对于乾隆五十九年毕有贵所立分单的释读，我们认为对于"艮"字及契约文书中出现的其他异体字的解读与识别，应该置于具体文本与情境中进行诠释，而非遵循简单的程式或习惯。

（二）关于"纹银"的记录

通说认为在清代银两制度中存在"虚银两"和"实银两"之分，前者是银两的价值符号，用以规定银两的名称、重量和纯度（成色），主要是记账单位和结算标准，并没有真实的实物存在。实银两是实际流通的银两，即元宝，又称为宝银，形制、大小、重量各异。虚银两最重要的代表就是起源于康熙时期的纹银，是清政府

法定的银两标准成色，"约为935.374‰，即每千两纹银含有935.374两纯银。每百两纹银须申水六两，才能相当于足银"[8]。彭信威指出，"纹银是一种全国性的假想的标准银……实际上并不存在"[9]。在民大清代云南契约文书中，人们在进行土地买卖订立契约时，常用纹银来表示地的价格并进行结算，其本身或许隐含着对于实际银两成色的规定。在契约文本中存在"文银""纹艮"等俗写。

据笔者所见，在清代云南的许多牌坊银锭、公估银及银两实物上存在"纹银""文艮"字样的戳记，成色多在90%以上，高者达98%[10]。《新纂云南通志·币制考》载明："云南所用银两，向有足色课银暨公估纹银之分，各属经征钱粮课条公银两，各就本地行使之银征收，其中有以课锭上纳者，有以公估银上纳补足课银成色者。除所收课银即将原银赴库上兑外，其所收公估纹银解运至省，应由销铺补色倾换课锭方能赴库交纳。"[11]从历史记载与历史文物来看，云南是存在纹银实物的，但是民大清代云南契约文书所记录的纹银到底是指一种成色标准，还是指具体纹银实物，则有待研究。

（三）关于"净银"与"面银"的记录

民大清代云南契约文书中存在两处关于"净银"的记录，如光绪三十年（1904）二月二十一日杨森同弟玉源立卖民田契书文约中记载："实授卖价净银贰拾伍两整"；又如嘉庆九年（1804）十一月初二日陈九乐立卖典田契中，有"净艮"的记录。"净银"一词在宋代就出现了，在清代大概指纯银、足银[12]之意（图七）。

关于"面银"的记录，凡三见，其中两次为"面艮"，一次为"面银"（图八）。其中"面银"出现于嘉庆七年的契约文书中[13]，"面艮"则分别出现于嘉庆十七年（1812）和道光元年[14]（1821）的契约文书中。笔者认为"面银"可能是指镜面银，即清代江西布政司铸造的宝银，每只重6两至10两不等，由于成色较高，

释文：实授卖价
净银贰拾伍两整

图七 净银

释文：其银是面银

图八 面银

色泽如镜面而得名[15]。清代"滇铜遍天下"，供给九省采办铸钱，各省以银锭拨还云南的铜本脚价。清代云南有银锭167种，其中江西镜面银是其中之一[16]。在清代大理巍山地区嘉庆年间的碑刻《松花会功德碑记》[17]上，就有关于"面银""镜面银"的记录：

松花会旧无田租……先年柳春茂借梁鹤嵩银捌拾两，积利伍拾两，柳将三脚田卖与梁，梁于四年转会内，现受面银捌拾两，租肆石，实叁石，该秋粮贰斗七升。……嘉庆四年，杜买得梁俊如田四坵，坐落三脚村……今折入山外一里玉阁松花会户下，原租肆石，价镜面银捌拾两。

从上述碑文可知，在清代嘉庆年间的云南大理地区，已经有镜面银的流通与使用。另外，清代川、鄂两省每年解交云南

协饷50万两，皆以银锭交付[18]。而在清代乾隆、嘉庆、道光年间的巴县档案中有许多关于镜面银的记载[19]，这些在清代四川流通的镜面银可能通过协饷或商贸的方式流入云南。

（四）关于"花银"的记录

在民大清代云南契约文书中有康熙三年（1664）七月二十四日李和由立实卖房契地契文书：

立实卖房契地契文约书人李和由，系落和冲住民，为因缺用，情愿将自己祖遗面分平房贰间、猪圈撇厦，并园地壹块，坐落本村营头，其房东至……凭中出实卖与本村杨相公，员下为业，议作时价花银四两钱伍吊，系是二比情愿……实卖房贰间猪圈半园地壹块，并无税粮，实受四两钱伍吊。

此件契约记录了落和冲住民李和由因为缺用，将祖遗的两间平房、半个猪圈和一块园地卖给同村的杨相公，收到时价花银四两、钱五吊。从价款信息来看，在此次买卖房地的交易中，是以银钱搭配的方式进行支付的。

关于花银，明代曹昭《新增格古要论》载："银，出闽、云南、贵州、交趾等处山中，足色成锭者面有金花，次者绿花，又次者黑花，故谓之花银。"[20]明末清初谷应泰辑《博物要览》载："熟银成锭者面有金花为上，绿花者为次，黑花者为下，故谓之花银。"并胪列有花银十一种，其中包括茶花银[21]。茶花银在云南亦有流行[22]。在这里，花银是指成色较高银两。陈稼轩认为花银为雪花银的简称，言银洁白如雪花[23]。清代云南还流行桂林花银[24]。郑家度编著《广西近百年货币史》中指出："碎银的成色，自七成、八成、九成到十足不等。梧州通用的碎银称花银，桂林、南宁等地则有足银与花银两种，足银成色含纯银量为千分之九三二，花银含纯银量为千分之九〇〇。"[25]如此，则桂林花银当为纯度为90%的碎银两。郑家度编著的《广西金融史稿》指出在广

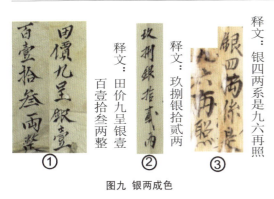

释文：银四两系是九六再照

释文：玖捌银指贰两

释文：田价九呈银壹百壹拾叁两整

图九　银两成色

图一〇　九八银

图一一　二十五两

西曾将破碎的银元称为花银，又曾将鹰洋也称为花银，即墨西哥银元㉖。但是无论是碎银圆还是鹰洋，都是以元为单位的，显然与契约文书中的"两"不符。《滇海虞衡志》载"中国银币尽出于滇，次则岭粤花银，来自洋舶，他无出也"㉗。方国瑜先生指出此处花银为顾炎武所谓番钱，即墨西哥银币㉘，显然单位同样不符。通过上述介绍，我们可以发现在清代时不同地区对于花银的使用不同，理解也不同。我们认为契约文书中"花银"当指银两，无论是指纯度较高的碎银两，即桂林花银，还是指纯度较高银两。至于在上述康

熙三年的这份契约中，花银具体指上述两种说法哪一种，目前无法定论。

（五）关于银两成色的记录

除了纹银，在民大清代云南契约文书中，还有其他对于银两成色规定的方法：

如图九的①—③所示"九呈""九六""玖捌"都是对于银两成色的规定。参考戴学文对于徽州房契中色银记录的分析，笔者认为上述记录在内容上应与90％、96％、98％相对应，但应为约数㉙。

如图一〇所示，在民大清代云南契约文书中，对于相同的银两成色也存在不同的书写方式，图中所举三例皆表示"九八"，中间者即为图九中②的截图，左侧为九字与八字的合文，而右侧则为苏州码子，即商码与九的合文，九字之上即是苏州码子中表示八的字符㉚。

（六）关于银两数量的记录

如图九中①—③所示，在这批土地买卖契约中常用中文大写数字的"壹"至"拾"对于银两的数量进行计数，据说这种计数方式始于武则天，用于记账则始于朱元璋㉛。此外也存在采用苏州码子进行计数的情况，如咸丰九年三月初八日李福林立典卖田契文约中所记二十五两，即是用苏州码子进行记录的，如图一一所示。

四、余论

中央民族大学民族博物馆馆藏清代云南契约文书作为珍贵的民间史料生动记录了清代云南特别是滇西地区社会经济生活的方方面面，本文所着墨的货币史方面的内容目前尚少有深入研究。通过本文对于契约中所见银两的分析，我们可以发现清代云南地区的白银流通及清代云南契约文书在书写上的复杂性。通过对契约中白银记录的探讨，为我们理解与释读这批民间史料提供了新的视角，也期望通过货币信息的解读为我们进一步了解清代滇西地区货币流通情况提供可能。清代云南因铸钱、协饷及贸易的关系，成为各地银锭荟

萃之地。《滇海虞衡志》载"中国银币尽出于滇，次则岭粤花银，来自洋舶，他无出也"。本文所提及银、面银、纹银、花银，正是纷繁复杂又至关重要的清代云南货币的缩影。

我们认为在契约文本的释读中，既应植根于文字演变的规律和书写程式，也应将文本置于具体的历史情境中进行诠释。在货币信息的研究与解读中，既要依托于货币史、经济史的文献记录，也需要观察货币实物，通过历史遗留的多重证据，透视历史本身。

---

①梁亚群：《明清时期洱海地区的农业发展与村落社会管理——以村落规约为中心》，《农业考古》2018年第6期；梁亚群：《明清时期大理地区的移民与村落社区》，《云南民族大学学报》2018年第11期；杨瑛楠：《中央民族大学博物馆藏大理清代契约文书的基础研究——以分类和要件分析为中心》，中央民族大学硕士学位论文，2018年；贾桢：《中央民族大学民族博物馆藏清代大理府赵州民间契约文书研究》，中央民族大学硕士学位论文，2018年；陈丽丽：《中央民族大学民族博物馆藏滇西清代买卖契约文书的基础研究》，中央民族大学硕士学位论文，2019年。

②白旭：《中央民族大学藏云南清代土地契约的类型与文本分析》，中央民族大学硕士学位论文，2018年，第40页。

③李洵：《明史食货志校注》，中华书局，1982年，第58页。

④李元阳：《嘉靖大理府志》，大理白族自治州文化局，1983年，第83页。

⑤连瑞枝：《鹤庆地区契约的整理与初探》，《大理民族文化研究论丛（第5辑）》，民族出版社，2012年，第186—235页；按：连文编号yun16370299，录文据该文210页所刊照片，参考第211页连瑞枝录文，与其释读不同之处径改不注。

⑥罗芳：《清代至民国时期云南契约文书俗字研究》，湘潭大学硕士论文，2015年，第25页。

⑦刘复、李家瑞：《宋元以来俗字谱》，"中央研究院"历史语言研究所，1930年，第97页。

⑧千家驹、郭彦岗：《中国货币演变史》，上海人民出版社，2014年，第177页。

⑨彭信威：《中国货币史》，上海人民出版社，1958年，第538页。

⑩杨国彦：《云南历史货币》，云南人民出版社，1989年，图版"牌坊银锭"及其他部分。

⑪转引自中国人民银行云南省分行金融研究所：《云南近代货币史资料汇编》，第47页。

⑫据首都博物馆王显国老师在讲座"清代白银、铜钱是如何流通的"（2020年8月28日，石景山文化中心）中介绍，清代光绪年间北京地区的足银成色在99%左右，可供参考。

⑬嘉庆七年四月初四日葛礼荣立卖典田地契文约，中央民族大学民族博物馆藏。

⑭道光元年三月初十日陈淮立杜卖田契文约、嘉庆十七年三月四日李了彦立典田契文约，中央民族大学民族博物馆藏。

⑮钱保生：《江西省金融志》，黄山书社，1999年，第15页。

⑯杨毓才：《云南各民族经济发展史》，云南民族出版社，1989年，第371页。

⑰引自《云南巍山彝族社会历史调查》，民族出版社，2009年，第252页。

⑱杨毓才：《云南各民族经济发展史》，云南民族出版社，1989年，第370—371页。

⑲四川省档案馆、四川大学历史系：《清代乾嘉道巴县档案选编（下）》，四川大学出版社，1996年，第50页、第119页、第147页。

⑳[明]曹昭撰、王佳补：《新增格古要论》卷六，中国书店，1987年。

㉑[清]谷应泰辑：《博物要览》，《四库全书存目丛书》子部第118册，齐鲁书社，1995年，第750—751页。

㉒杨毓才：《云南各民族经济发展史》，云南民族出版社，1989年，第371页。

㉓陈稼轩：《实用商业辞典》，商务印书馆，1935年，第416页。

㉔刘云明：《清代云南市场研究》，云南大学出版社，1996年，第132页。

㉕郑家度：《广西近百年货币史》，广西人民出版社，1981年，第4页。

㉖郑家度：《广西金融史稿》，广西民族出版社，1984年，第103—105页；关于鹰洋，参考彭信威：《中国货币史》，东方出版中心，2020年。

㉗[清]檀萃著，宋文熙、李东平校注：《滇海虞衡志校注》，云南人民出版社，1990年，第50页。

㉘方国瑜：《云南史料丛刊（第7卷）》，云南大学出版社，2001年，第298页。

㉙戴学文：《清代徽州房地契的对价记录及其探讨》，《中国钱币论文集(第四辑)》，中国金融出版社，2002年，第429页。

㉚邱建立、李学昌：《并不神秘的民间速记文字——"花数"》《华东师范大学学报(哲学社会科学版)》，2011年第2期。

㉛侯嘉亮：《大写数字的来历》，《咬文嚼字》2004年第12期。

（作者单位：民族文化宫博物馆）

（上接第22页）

书选辑》，人民出版社，1997年，第4—215页。

㉑张小林：《清代北京城区房契研究》，中国社会科学出版社，2000年，第234页。

㉒[清]杨开鼎：《奏陈酌筹钱法使钱价渐平而国宝流通事》，录副奏折，乾隆九年十一月十一日，档号：03-0770-034，中国第一历史档案馆。

㉓[清]朱叔全：《奏陈平抑钱价事宜事》，朱批奏折，乾隆六年二月十五日，档号：04-01-35-1231-023，中国第一历史档案馆。

㉔㉘[清]潘思榘：《奏陈钱法积弊请禁用色银及打造小件铜器事》，朱批奏折，乾隆十年二月二十五日，档号：04-01-35-1235-017，中国第一历史档案馆。

㉕《清朝文献通考》第一版，浙江古籍出版社，1988年，第4970页；《清国史·食货志·钱法》，中华书局，1983年，第906页。

㉖王光越：《试析乾隆时期的私铸》，《历史档案》1988年第1期。

㉗杜家骥：《清中期以前的铸钱量问题——兼析所谓清代"钱荒"现象》，《史学集刊》1999年第1期。

㉙[清]张廷玉等：《清朝文献通考》，浙江古籍出版社，1988年，第5002页。

㉚《大清德宗景皇帝实录（光绪朝）》卷二百七十五。

㉛[清]李伯元：《文明小史》，黑龙江美术出版社，2016年，第107页。

㉜尚绥珊：《北京炉房、钱铺及银号琐谈》，中国人民政治协商会议全国委员会文史资料研究委员会编《文史资料选辑》第四十四辑，中华书局，1964年，第258页。

㉝[清]徐珂：《清稗类钞》（第五册），中华书局，2010年，第2293页。

（作者单位：首都博物馆）

好古、藏古与考古

——北京清墓中出土山字纹铜镜的相关推测

孙　勐

2010年，北京市文物研究所在昌平区沙河镇巩华城镇辽门外东约0.5千米处发掘了一处东汉至明清时期墓地，清理墓葬128座。其中一座竖穴土坑墓（编号M90）内出土了一件山字纹铜镜（编号M90：1）①。这是山字纹铜镜在北京地区考古中首次发现，对于认识山字纹铜镜本身较为重要。并且，这件铜镜与其所属墓葬的时代关系、与共存器物的时代关系、与墓主人的关系及由此引出的一系列问题都非常有意思，值得进一步加以探讨。

一、铜镜 M90：1 的形制、纹饰与定名

铜镜M90：1，出土于人头骨的东部略偏北侧。有残损，锈蚀较严重。圆形。镜面微凸。桥形三弦钮，外围以凹面方格。纹饰由地纹与主纹构成。地纹为羽状纹，繁缛细密；主纹为四山②十二叶纹，清晰突出。钮外方格的四角各伸出一桃形叶，每个叶尖分别引出三条窄绦带；中间的绦带向外与一叶相连，位于两"山"字纹之间；左右两条绦带向两边延伸，分别与山字纹内右上方的一叶相连，并且这两条绦带与相邻绦带连接成一朵四角形花；而花的每个角外都与每个"山"字内右上方的一叶相对应。共12叶。山字纹为斜体，底边与方格边线平行。素卷沿。直径14厘米、缘厚0.6厘米、肉厚0.2厘米、钮高0.6厘米。根据镜背的图案，特别是主题

纹饰，以及铜镜的命名原则，可称之为四山十二叶纹铜镜（图一）。

这种山字纹铜镜是楚式镜中出土数量最多、最具代表性的一类③，其中以"山"字纹和"叶"纹组合为主题图案的铜镜最为常见。按照"山"字纹与"叶"纹的组合数量，还可分为四山四叶、四山八叶、四山十二叶、四山十六叶、五山五叶、五山十叶、五山十五叶、六山十二叶纹等类型，其时代从战国早期延续至战国晚期④，甚至可进入西汉早中期⑤。铜镜M90：1与湖南省长沙市沙湖桥战国墓葬A·M27中出土的一件铜镜（图二）⑥、益阳市赫山镇楚墓中出土的M14：2（图三）⑦、益阳楚墓M647：5（图四）⑧、安徽省六安市双龙机厂墓地中出土的M516：007（图五）⑨等基本相同。因此，仅从形制与纹饰来讲，铜镜M90：1的时代可定在战国中晚期，是楚地的产品⑩。

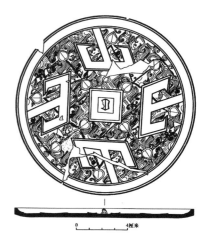

图一　昌平沙河出土铜镜M90：1及其线图

图二 湖南省长沙市沙湖桥战国墓出土的铜镜A·M27

图四 益阳楚墓出土的铜镜M647：5

图三 湖南省益阳市赫山镇楚墓出土的铜镜M14：2

图五 安徽省六安市双龙机厂墓地中出土的铜镜
M516：007

二、所属墓葬与共出器物

铜镜M90：1作为考古发掘的出土物品，若想对其形成全面认识，就必须将与之密切相关的遗存单位和共存器物一并进行考察，以期尽可能地利用一切考古发现的有效信息，为其构建起一个立体而丰满的时、空、人相结合的环境。这件铜镜所属的M90，墓葬本体(指墓坑、葬具和人骨)[11]为长方形竖穴土坑单棺墓，方向8度。墓坑南北长2.8米，东西宽1.4米，墓口和墓底同大。地表距墓口深0.3米，墓口距墓底深1.4米。墓坑内的填土较硬。墓坑内置单棺，棺木已朽，其残存痕迹长1.78米、宽0.6—0.82米、残存高度0.1米。棺内人骨架保存状况较差，但基本完整，头骨位于北部，面部朝上，仰身直肢。墓主人为男性。按原报告判定该墓时代为清代，对此，做以下分析：一是M90开口于

①层下，向下打破②层和生土。①层在整个墓地普遍存在，所有的清代墓葬均开口于①层下。此外，墓地内的唐代、元代和明代墓葬均开口于普遍存在的②层下。二是M90的形制、结构与墓地内的其他清代墓葬一致。三是M90在所属墓葬区中的空间位置。整个墓地被分为三个墓葬区，即1区、2区和3区，基本呈南北向一线分布（图六）。其中，1区主要为东汉至明清时期墓葬，清代墓葬的数量要少于明代墓葬，且22座明代墓葬集于该区的中部；2区主要为西晋和明清时期墓葬，3座西晋墓葬位于明清墓葬群外的东北部，明清墓葬群可以独立成区，且清代墓葬多于明代墓葬；3区均为明清时期墓葬，在时间上的一致性较强，没有早期墓葬。在整个墓地中，明清时期墓葬呈现由北、南向中部发展趋势，清代墓葬尤其明显。M90位于3区内的中部偏北，四周均紧邻同时期墓

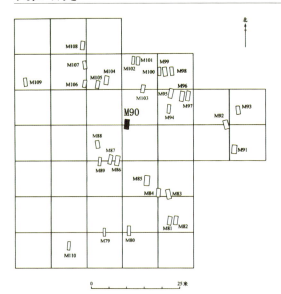

图六 昌平沙河M90所属墓地Ⅲ区平面图

图七 昌平沙河出土的玉璧M90：2

葬。综合墓葬本体的开口层位、形制、结构和其所属墓葬区的整体情况来看⑫，M90的时代定在清代早中期，非常妥当。

从考古学上，判断墓葬的时代还必须参考另一项重要指标——随葬器物，这也正是M90的特殊之处。M90中的随葬器物共8件，除铜镜外，还有玉璧1件（编号M90：2）、蜻蜓眼玻璃珠3件（编号M90：3—M90：5），均位于左肱骨西侧；玉饰件3件，位于左桡骨东侧，其中1件（编号M90：6-3）碎为3片，另外两件（编号M90：6-1、M90：6-2）均残。

玉璧M90：2，保存基本完整，青白色，晶润，局部有土黄色沁。扁平状，圆形，中间有一圆形穿孔。内缘、外缘均有一周凹弦纹形成廓，器身饰逗号状（也称蝌蚪状）涡纹。器径4.2厘米、孔径1.5厘米、肉厚0.6厘米（图七）。孔径与器径之比略小于1/3，基本符合《尔雅·释器》所记"肉倍好

谓之璧，好倍肉谓之瑗，肉好若一谓之环"⑬。吴大澂据《说文解字》："瑾，石之次玉者。以为系璧。"段玉裁注："系璧，盖为小璧系带间，悬左右佩物也。⑭"在《古玉图考》专列"系璧"一条，将形体较小的玉璧释为"系带之璧"⑮。有学者综合比较了史前时代玉璧的尺寸，将器径在5厘米以下且不能佩戴在手臂上的玉璧称为系璧⑯。按M90：2的大小，也应是系璧。玉璧在我国大约于新石器时代晚期开始出现。从其形制和纹饰来看，M90：2不同于新石器时期至商周、春秋时期的玉璧⑰，宽泛地讲，其时代可大体定在战国至西汉早期⑱。本文从M90出土器物的整体考虑，将玉璧M90：2的年代限定于战国时期⑲。另外3件玉饰件小且残，不再分析。

蜻蜓眼玻璃珠3件，形制基本相同。蓝色，半透明玻璃质，球状体，中间有

图八 昌平沙河出土的蜻蜓眼玻璃珠3件（编号M90：3—M90：5）

一穿孔，表面为蓝、白相间的蜻蜓眼图案。M90∶3，最大直径1.6厘米、孔径0.7厘米、高1.2厘米。M90∶4，最大直径1.7厘米、孔径0.7厘米、高1.1厘米。M90∶5，最大直径1.7厘米、孔径0.7厘米、高1.2厘米（图八）。称这种玻璃珠为"蜻蜓眼"，主要是根据其上黏附的色环一圈套一圈像蜻蜓复眼的眼圈纹而命名。这种纹样的珠子起源并于埃及流行了数千年。"蜻蜓眼"样式的玻璃珠大约在战国时期传入我国，我国人民又采用独特的方法和技艺加以制作，因此目前出土的 "蜻蜓眼"既有属于舶来品的钠钙系玻璃珠，也有本土自制的铅钡系珠子[20]。根据杨菊博士的化学成分检测与分析结果，M90出土珠子的基体、眼珠和眼底均属于钠钙硅酸盐系统，很有可能来自西方[21]。由于"蜻蜓眼"珠子的制作和装饰工艺在我国主要流行于战国时期，秦朝统一后就基本消失了，因此将M90出土的这三件蜻蜓眼玻璃珠定在战国时期应该合理。

三、真伪、时代与来源推测

从考古学上，对于墓葬时代的判断，最主要的三个方面是墓葬的开口层位、形制结构与随葬器物，此外还有打破关系、墓坑填土及包含物，等等。当然在很多实际情况下，墓葬被后期破坏，则基本上主要依据墓葬的形制结构与随葬器物。根据上述对铜镜、玉璧、蜻蜓眼玻璃珠及墓葬本体的分析，可以明显看出，M90的随葬器物与墓葬本体在时代上相距甚远，前者集中在战国时期，而后者为清代早中期，二者的时间差距至少近1700年。在考古发掘中，晚期遗迹、墓葬中出现或包含早期器物属于常见现象，因为后人使用前期之物、后期人为扰动、动物反复活动、自然因素作用等都会产生相应的结果。M90除现墓口以上部分已被破坏外，墓圹四壁、墓底均保存完好，坑内填土没被扰动，葬具和人骨均为自然状态腐朽，可以说墓葬本体部分保存完整。由此断定，M90内的器物是随着墓主人同时、一次性放入的。一般情况下，随葬器物与墓主人的生活或死亡、埋葬在时间上具有较高的一致性，那么对于M90而言，则表现出一种非常特殊的情景。依此思路，在墓葬本体时代准确无误的前提下，随葬器物就至少存在两种可能：一是随葬器物是当时伪作，可与墓葬本体的时代统一；二是随葬器物确为真品，与墓葬本体的时代相背离，那么就需要进一步解释其原因。

先看第一种情况。首先，铜镜的质地、工艺和锈斑，玉璧的质料、雕工（或刀法）及沁色，仅凭眼鉴，均可定为真。清代铜镜的制作，其合金比例中含锡量大大降低，而含锌量大幅增加，导致色泽黄铜闪黄。仿造铜镜多用原镜直接翻模，存在型同而图案模糊的情况；也有借助摹本仿照制模的方式，则样式和纹饰皆有失韵味[22]。从当时玉器作伪情况来看，康熙朝至光绪朝，"代代不乏其作"[23]。"今见之圭璧，有以旧玉改造者，有以新玉伪造者"；"长安为最，杭州苏州次之，洛阳掖县潍县又次之，现在燕京亦多伪造"；伪造而成的古玉，"红光自出"，"色即黑"，"色即红"[24]。因此，从清代制作与伪品的特征来看，铜镜和玉璧也为真品[25]。

此外，古器物作伪与器物的发现、认知、买卖、馈赠、收藏、著录等诸多因素有关。但首要因素是发现并在一定范围内得到相应程度的认可[26]。目前所知关于铜镜最早的著录是《宣和博古图》[27]，稍后的《啸堂集古录》[28]《隶续》[29]中只收镜铭，其中均未见山字纹镜。《西清古鉴》[30]中收录汉唐铜镜，也未见山字纹铜镜。而较早著录山字纹镜的是清代中晚期学者梁廷楠《藤花亭镜谱》[31]。再看陈介祺[32]、刘心源[33]、罗振玉[34]等人收藏的铜镜或拓本，也未见山字形镜。清末民国年间北京著名文物鉴藏家黄濬所著《尊古斋古镜集景》中收录了山字纹铜镜8件，其中的一件四山八叶纹铜镜与M90∶1的形制、图案基本相同，只是比后者少了位于山字纹内右上方的一叶（图九）[35]。黄濬生活的年代已经晚于M90墓主人的卒年。由上所述，可以推定，北宋至清代早期，山字纹铜镜尚未进入人们的视野；清代中晚期，山字纹铜镜的收藏和著录仍非常有限。即使到了民国时期，山字纹铜镜也不是当时关注与收藏的重点。从这一点上来看，山字纹铜镜作伪的可能性很小。

蜻蜓眼玻璃珠在传统的文物鉴定中并非主流，仅凭经验可能在说服力上略显单薄，因此需借助其他手段加以综合考量。古玻璃的化学成分是判断其来源的重要手段。西方古玻璃的化学成分比较单一，即钠钙硅酸盐玻璃。而元代至明清时期，中国自制玻璃的成分属于钾钙玻璃系统[36]。因此，M90出土的蜻蜓眼玻璃珠，也可定为真。另外，这种"蜻蜓眼"珠子，无论是舶来品还是自制物，在我国战国时期之后就基本消失了。即使"蜻蜓眼"有可能是战国文献中记载的与和氏璧齐名的"随侯之珠"，但是没有更为准确的文字描述其质地和样貌，也就只能成为稀世珍宝的一个代名词。我国现存最早的文物鉴定专著《格古要论•珍宝论》中已将"玻璃"作为"辨其真伪"的一项[37]，但并没有"蜻蜓眼"的记载。"蜻蜓眼"玻璃珠再次进入人们的视野并引起广泛关注就要到20世纪30年代洛阳金村墓葬的盗掘了[38]，而此时已晚于M90墓主人的埋葬至少百余年。这样，从其发现与认知的情况也可推定，"蜻蜓眼"玻璃珠仿制作假的可能性很小。根据上述种种，我们认定M90中的随葬器物均为真品。

M90中的随葬器物除了在时代上具有较强的一致性，整体风格上也表现出很强的一致性——楚风，尽管我们必须要面对没有确切文字记载的无奈[39]。其来源——产地和最初的埋藏地点很可能属于战国时期的楚地[40]。如果把M90分成墓葬本体和随葬器物，可以明显看出，墓葬本体是一次形成的；随葬器物属于第二次埋藏，而其第一次同样也是作为随葬器物被埋藏则可追溯到战国时期，并很有可能在楚地。这正是M90的构成特点。

还有一点需要提及，在考古学上，墓葬中随葬器物的组合是一个重要的关注点和研究内容。对于M90而言，随葬器物大体可分三类，即以山字纹镜为代表的铜器、以蜻蜓眼为代表的玻璃器和以璧、饰件为代表的玉器。但这些器物，在作为第一次随葬时是否出自同一座墓葬，或是出自同一墓葬区，或是出于不同地点的不同墓葬中，目前还不好进行推断。

考古学研究是一定要落实到"人"的。特别是墓葬，更容易将目光投到墓主人身上[41]，即便不是出自学术目的，而仅是在好奇心的驱使之下，毕竟墓葬的所有种种首先都是以墓主人为核心与目标而产生的。M90墓坑内部保持完整，没有受到晚期扰动，从其规模、形制、结构和葬具的情况看，属于常见的、一般性的清代墓葬。一般而言，墓葬的规格与墓主人的社会地位和财富有着较强的对应关系，这也就是说，M90所属的墓主人生前的身份普通，没有特殊的社会地位和显著的财富积累。其中一个现象值得注意，M90墓坑内没有明清墓葬中最为常见的、标志性的

图九 《尊古斋古镜集景》中收录的四山八叶纹铜镜拓片

铜钱作为随葬器物，若不计较地域风俗或葬俗的因素，这完全可以作为墓主人生前财富状况的一个有力证明。M90随葬器物中没有一件与墓主人同时期的常见物品，包括明器和日常用具等，而均为战国时期的古器物。在考古学上，当这些古器物与墓主人共存于同一封闭空间之中，其作为随葬物品的性质必然会映射出墓主人生前的生活状况⁴²。综合随葬器物的时代、最初埋藏地点与M90的时代与葬地，以及清代社会风气特点——古器物买卖与收藏流行，原报告推断墓主人生前为一名古器物收藏者，是合理的。M90出土的随葬器物，也就是墓主人生前的收藏品，全部为真品，且不可多得，其中的山字纹铜镜、"蜻蜓眼"玻璃珠更是至少在清代之前未被鉴别、在当时属于"非主流"且不会具有很高经济价值的器物。从这一点而言，可以说该墓主人独具慧眼，称得上是一位鉴赏家，毕竟对于一名真正的收藏者而言，自己的藏品和鉴赏水平都希望得到公众认可。

四、余论

1. 昌平区沙河清代墓葬M90中战国时期山字纹铜镜的发现，不仅丰富了北京地区出土铜镜的种类，而且对于研究山字纹铜镜的学术史具有较为重要的意义。同时，蜻蜓眼玻璃珠也是北京地区考古首次发现，从其属于第二次埋藏的情况讲，可以说其第一次出土后就重新进入人们的视野，价值重新得到认可，这要早于被盗掘的洛阳金村墓葬，成为"蜻蜓眼"在我国发现史中的一个重要参考坐标。M90是目前北京考古发掘的数千座⁴³清代墓葬中唯一的一座完全随葬古器物⁴⁴的墓葬，对于了解和认识清代早中期我国古器物的发现、流传和收藏，特别是对于古器物在当时社会普通人群中的认识、流传和收藏等有着相当重要的历史价值。根据葬地位置及墓葬与城址的对应关系，M90的发现对

于认识清代巩华城内的人群构成与日常生活等也具有重要的历史价值。

2. 从北京地区的考古来看，出土器物与其所属墓葬或遗迹、遗址的时间差距突出的，M90并非孤例。还有两个非常明显的实例可以参考。一是在原北京工商大学发掘的明御用监太监赵西漳墓中，出土一件属于殷墟一期的青铜罍，口径31.5厘米、腹径46.5厘米、底径30.5厘米、通高40厘米，这是历代收藏者梦寐以求的"三代重器"⁴⁵。一是元大都遗址发掘中，在后英房的居住遗址内发现了一件新石器时代晚期的石斧，青灰色，长17.9厘米、肩宽10厘米、刃宽11厘米、厚1.25厘米、单穿孔，孔径3.3厘米。还有一件化石，经贾兰坡先生鉴定可能为亚洲象六枚臼齿（残存齿板或齿脊）的化石⁴⁶。结合墓葬M90的发现，在一定程度上可以看出，北京作为元明清三朝的都城以来，在文化上的发展与积淀。

3. 对于以昌平沙河清代墓葬M90为代表的这种考古发现，除见证了墓主人的个人喜好、行为与经历之外，也折射出我国传统文化与思想中突出的"好古基因"。根植于血缘关系的祖先崇拜与儒家学说倡导的"祖述尧舜，宪章文武"，促使我国古代社会在不同领域和阶层内普遍存在着带有"天然性"的"好古"⁴⁷情结。正是对"古"的认同和尊崇，从而有了各种目的、各种方式的对古器物的追求和收藏，"器以载道""器以藏礼"，无论是雅或俗，利或欲，还是政治追求、财富积累、文化品位与学术修养，等等。M90墓主人的财力并不丰厚，而能以古器物随葬，应该是一位因好古而藏古的先人，并且对于古器物有着很高水准的鉴赏力。尽管他的姓名与生平未被载入史册，藏品也没有著录或拓本流传后世，但其行为于当时的环境中在一定程度上已起到了文物保护与文化传承的作用。限于资料的不足，我们对于古器物收藏研究的关注，多重在皇家、官员与文人，而M90的发现给我们提供了

一个绝好的了解和认识清代普通民众收藏古器物的实例。另外，M90又经过了考古发掘，以及后期的绘图、修复、整理与公布。从这一系列的过程来看，从学术角度考察，好古、藏古与考古在我国的文物保护与研究、文化传承与延续中确实有着内在的、独特的发展理路㊽。

---

①北京市文物研究所编著：《昌平沙河——汉、西晋、唐、元、明、清代墓葬发掘报告》，科学出版社，2012年，第157—160页。

②本文在描述纹饰、命名铜镜时所用的"山"或"山字"，均是指其纹样与形象，而不是说其具有"山"字含义。参见王锋钧：《山字镜初探》，《考古与文物》2001年第1期；李梦璋：《楚式"山"字纹镜不是"以字代形"——兼谈"山"字纹的来源》，《南方文物》2004年第3期；李零：《山纹考——说环带纹、波纹、波曲纹、波浪纹应正名为山纹》，《中国国家博物馆馆刊》2019年第1期。

③刘一曼：《试论战国铜镜的分区》，《考古》1985年第11期。

④雷从云：《楚式镜的类型与分期》，《江汉考古》1982年第2期；高至喜：《论楚镜》，《文物》1991年第5期；邓秋玲：《论山字纹铜镜的年代与分期》，《考古》2003年第11期。

⑤长沙市文物工作队：《长沙西郊桐梓坡汉墓》，《考古学报》1986年第1期；安徽省文物考古研究所、吉林大学考古学院：《安徽六安经济开发区碧桂园汉代墓葬M30发掘简报》，《东南文化》2020年第2期；广州市文物管理委员会、中国社会科学院考古研究所、广东省博物馆编辑：《西汉南越王墓》上册，文物出版社，1991年，第56、262页。

⑥李正光、彭青野：《长沙沙湖桥一带古墓发掘报告》，《考古学报》1957年第4期。

⑦湖南省益阳地区文物工作队：《益阳楚墓》，《考古学报》1985年第1期。

⑧益阳市文物管理处、益阳市博物馆编著：《益阳楚墓》，文物出版社，2008年，第171页。

⑨安徽省文物考古研究所、武汉大学历史学院考古系、六安市文物局编著：《双龙机床厂墓群发掘报

告》，上海古籍出版社，2016年，第1011页。

⑩战国时期的燕国也有山字纹镜，且有镜范出土，说明燕国具有独立生产的能力，因此可称之为燕地山字纹镜。燕地山字纹镜出土的数量较少，出现时间和装饰风格与楚式山字纹镜略有不同。此外，目前在河北发现的燕地山字纹镜中没有与M90：1基本相同的铜镜。参见李学勤：《论美澳收藏的几件商周文物》，《文物》1979年第12期；柏乡县文物保管所：《河北柏乡县东小京战国墓》，《文物》1990年第6期；徐志芬：《河北省博物馆馆藏铜镜概述》，《文物春秋》1994年第1期；河北省文物研究所编：《历代铜镜纹饰》，河北美术出版社，1996年；张家口市宣化区文物保管所：《河北张家口宣化战国墓发掘简报》，《文物》2010年第6期。另外，楚、燕山字纹铜镜的关系尚不明确，均有待今后更多的考古发现。因此，本文基于已有的发现推定M90：1为燕地产品，暂不考虑未知且不确定的因素，否则无法开展讨论。

⑪本文因随葬器物的时代与墓坑修建、墓主埋葬的时间相距过远，特将墓坑、葬具和人骨定为墓葬本体，以示区分。M90则主要由两个部分组成，一是墓葬本体，二是随葬器物。

⑫韩建业：《墓葬的考古学研究——理论与方法论探讨》，《东南文化》1992年第1期。

⑬[清]郝懿行撰：《尔雅义疏·释器第六》，中华书局，2017年，第527页。

⑭[汉]许慎撰、[清]段玉裁注：《说文解字注·玉部》第一卷，上海古籍出版社，2003年，第16页。

⑮[清]吴大澂：《古玉图考》，中华书局，2013年，第62页。

⑯杨晶：《中国史前玉器的考古学探索》，社会科学文献出版社，2011年，第13页。

⑰参见杨晶：《中国史前玉器的考古学探索》，社会科学文献出版社，2011年；孙庆伟：《周代用玉制度研究》，上海古籍出版社，2008年。

⑱汉代玉璧是在战国玉璧的基础上发展起来的，因而西汉初期的玉璧与后者很难区别，特别是已脱离最初埋藏环境的流散文物。参考卢兆荫：《略论汉代的玉璧》，《玉振金声：玉器·金银器考古学研究》，科学出版社，2007年，第39—50页。

⑲本文将该玉璧定为战国之物，虽有削足适履之嫌，但在其第一次埋藏信息基本缺失的境况下，略作模糊化处理，也并无不可。

⑳朱晓丽：《中国古代珠子》，广西美术出版社，2013年，第139—141页。

㉑杨菊、赵虹霞、于璞：《北京昌平沙河镇出土蜻蜓眼玻璃珠的科学分析与研究》，《文物保护与考古科学》2012年第2期。

㉒程长新、程瑞秀：《古铜器鉴定》，北京工艺美术出版社，1993年，第263、264页；程长新、程瑞秀、觉真著：《镜花水月：铜镜鉴赏与辨伪》，北京美术摄影出版社，2008年，第196—199页。

㉓杨伯达：《传世古玉辨伪综论》，《故宫博物院院刊》1997年第4期。

㉔刘大同著、褚馨评注：《古玉辨》，中州古籍出版社，2013年，第133、134页。

㉕另外，还存在一种仿古玉的情况，在某种意义上说也是一种"作伪"，本文不再讨论。

㉖古器物的非正常发现、出土与买卖等情况，在时间上一定要早于著录与刊布，在数量上也一定要多于著录与刊布，但绝大多数都不会见于记载，因此本文只能以金石图谱的著录情况来替代。

㉗[宋]王黼：《宣和博古图》，上海书店出版社，2017年。该书收录汉唐时期铜镜113面，记其尺寸、重量及铭文字数，绘其图像、铭文，有的还加以解释。

㉘[宋]王俅撰：《啸堂集古录》，中华书局，1985年，第176—183页。

㉙[宋]洪适撰：《隶续》卷第十四，中华书局，2003年，第419页。

㉚[清]梁诗正、蒋溥等撰：《西清古鉴》，上海古籍出版社，1991年。

㉛孔祥星、刘一曼：《中国古代铜镜》，文物出版社，1984年，第30页。

㉜参考辛冠洁编：《陈介祺藏镜》，文物出版社，2001年，该书收录182件铜镜，时代从西汉一直到元明时期；国家图书馆金石拓片组编：《陈介祺藏古拓本选编·铜镜卷》，浙江古籍出版社，2008年，该书共收录183种拓本。

㉝[清]刘心源：《奇觚室吉金文述》，朝华出版社，2018年。

㉞罗振玉撰集：《古镜图录》，朝华出版社，2018年。

㉟黄濬编：《尊古斋古镜集景》，上海古籍出版社，1990年，第173—180页。

㊱齐东方、李雨生：《中国古代物质文化史：玻璃器》，开明出版社，2018年，第17、18页。

㊲[明]曹昭、王佐著，赵菁编：《格古要论·珍宝论》卷六，金城出版社，2012年，第204页。

㊳赵德云：《中国出土的蜻蜓眼式玻璃珠研究》，《考古学报》2012年第2期。

㊴考古学及研究主要面对两大类"无文字"的无奈，一是没有文字记载的史前时期；二是有文字记载的历史时期当中，发掘对象本身没有文字资料出土及发掘对象在传世文献中没有记载。M90就属于后者，没有出土带文字的文物，墓主人也是"名不见经传"。

㊵白云翔：《论基于风格与分布的考古遗物产地推定法》，《考古》2016年第9期。

㊶不再拓展到与墓主人有直接联系的更多的"他人"、其所处的人文社会环境等。

㊷也会有特例存在，如器物本是墓主人的后人的财产，墓主人在安葬时，后人为表达对其的怀念，将器物放入墓中。不过，在没有明确证据的前提下，这种历史的偶然暂不考虑。此外，还会有其他情况的偶然。

㊸目前无法准确统计出北京已发掘清代墓葬的具体数量，只能暂时根据所了解的情况作出估算，目的在于突出墓葬M90的唯一性与特殊性。

㊹需要注意，清代墓葬中出土明代器物的情况相对较多，但是这些明代器物在当时是否作为真正意义上的收藏的古器物，没有确证，并且其与M90的另一个不同是，前者很有可能属于传世品，而后者一定是非正常的出土物。

㊺北京市文物研究所：《北京工商大学明代太监墓》，知识产权出版社，2005年，第17、97页。

㊻中国科学院考古研究所、北京市文物管理处元大都考古队：《北京后英房元代居住遗址》，《考古》1972年第6期。

㊼"好古"一词，在《论语·述而篇》中出现两次："述而不作，信而好古，窃比于我老彭。""我非生而知之者；好古，敏以求之者也。"主要是从对古代文化继承、古典学术研习的角度而言的。参见杨树达：《论语疏证》，上海古籍出版社，2013年，第153、154、165、166页。本文暂且借用，仅指对于古物的喜好。

㊽刘庆柱：《中国特色考古学解读：百年中国考古学史之思考》，《考古学报》2021年第2期。

（作者单位：北京市考古研究院）

北京地区汉墓出土陶灶研究

孙　炜

民以食为天，作为必不可少的厨具，灶在日常生活中解决了人们的饱腹问题。在崇尚"事死如事生"的中国古代，陶灶以现实生活中的灶为原型，被缩小化制作出来，纳入随葬明器之中，与釜、盆、勺等构成组合，成为饮食类明器的代表。作为随葬品的陶灶，最早出现在西安地区的秦墓中，而后在两汉时期普遍出现并流行[①]，到了西汉中晚期就普及到了全国。汉代的北京地区远离长安、洛阳地区，位于北部边境同两京地区的过渡地带，文化因素的传播、发展及变化相对较慢。根据考古发现，陶灶在北京地区西汉中期稍晚的墓葬开始出现，不过发现的数量比较少，至东汉晚期，陶灶作为随葬组合中不可缺少的一员，已大量盛行。

汉代陶灶的综合性研究较少，梁云先生的《论秦汉时代的陶灶》[②]一文中，对各地出土陶灶进行了分析，探讨了各地陶灶间的文化交流。余静、张成明的《两汉墓葬中出土陶灶的考古类型学研究》[③]将两汉时期墓葬中出土的陶灶分为七型，对每种形制的灶又进行了型式划分，并考察了每种形制灶的分布范围及流行年代。朱津的《汉墓出土陶灶研究》[④]和《论汉墓出土陶灶的类型与区域特征》[⑤]通过类型学对汉墓陶灶进行对比和排列，对其出现时间和流行年代进行推断；再对陶灶进行分区，分析各区的区域性。而有关汉代陶灶的研究更多以地方性为主：芦雨婷的《西安地区中小型汉墓出土陶灶研究》[⑥]、周俊屹的《河西地区汉晋墓葬出土陶灶研究》[⑦]、张勇的《豫北汉代陶灶》[⑧]、李军霞的《河南禹州新峰墓地出土陶灶研究》[⑨]、田源的《新乡地区汉墓出土陶灶研究》[⑩]和《河南地区汉墓出土陶灶研究》[⑪]、耿瑷洁的《汉代幽冀地区中小型墓葬出土陶灶研究》[⑫]等都是对地方汉墓出土的陶灶进行了类型学和年代学的研究。涉及北京及周边地区汉墓出土陶灶的研究较少。本文整理北京地区汉墓出土的陶灶资料，并对其进行型式和年代研究。

一、北京地区汉墓出土陶灶型式划分

北京地区汉墓出土的陶灶主要由灶身、灶门、挡火沿、灶眼、圆孔状或圆柱状的烟囱五个部分组成，但并非所有的陶灶都具备这五个构成部分。灶门可分为落地式和封底式两种样式，又有拱形和方形两种区别，其中，方孔比较多见[⑬]。陶灶的平面形状有近三角形、近圆形、马蹄形、方形或梯形；灶面上的灶眼有一个、两个、三个，最多有四个至五个；制法一般为模制，也有手制或手模兼制等；质地一般为泥质灰陶，也有泥质红陶；纹饰一般为阴刻线纹、网格纹、菱形纹等，在平谷区的汉墓还见有一种特殊的同心圆纹饰；或堆塑或捏制出各种相关图案；常配套出土陶釜、陶盆、陶甑等，一般为灶釜分体，也有灶釜一体的情况。

根据现阶段已公布的考古材料和分期断代可知，北京地区两汉墓葬发现的陶灶数量大致约110件，从西汉中晚期开始出

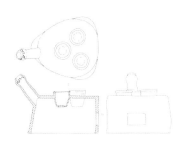

1.Aa型亦庄X11号地M39:13　　　　2.Ab型Ⅰ式平谷杜辛庄M10:10　　　　3.Ab型Ⅱ式岩上M28:1

图一　A型　三角形灶

现，延续使用至东汉晚期。现根据其俯视平面形状的不同，将其分为五型：

A型：三角形灶（图一）。

根据灶眼的数量，可将其分为两个亚型：

Aa型：灶面设一个灶眼，正面设长方形落地式灶门，无挡火沿，后端上部设一圆孔烟囱。如亦庄X11号地M39:13[14]。

Ab型：灶面设三个灶眼。

根据烟囱形态的不同，可分为两式：

1式：平面近似三角形，前端为弧形，正面设长方形落地式灶门，无挡火沿，后端上部设一圆孔烟囱。灶面边缘饰同心圆纹饰。如平谷东高村M2:7[15]、平谷杜辛庄M10:10[16]、平谷兴谷河M3:26[17]。

2式：平面呈圆角三角形，前部尖圆。灶体的三个转角处，下部外撇，宽于上部。三个灶眼呈"品"字形排列，正面设长方形封底式灶门，无挡火沿，尾部斜置一圆柱形烟囱。如岩上M28:1[18]、M38:6[19]、M39:3[20]。

规律：该型灶是北京地区最早出现的类型，Aa型和Ab2式只短暂地存在于一个时期，Ab1式制作相对规范，直到东汉晚期，在墓葬中都有发现。

B型：马蹄形灶（图二）。

根据灶眼的数量，可将其分为三个亚型：

Ba型：灶面设两个灶眼。

根据烟囱形态的不同，可分为两式：

1式：上小下大，侧面呈梯形，四面外弧。正面设长方形落地式灶门，无挡火沿，后端上部设一圆孔烟囱。灶门上、左、右三侧饰菱形网格纹。如平谷兴谷河M1:8[21]。

2式：灶身四角均为圆角，四壁竖直或斜直。正面设长方形封底式灶门，灶门上端置挡火沿，后端无烟囱。如平谷杜辛庄M2:3[22]。

Bb型：灶面设三个灶眼。

根据烟囱形态的不同，可将其分为两式：

1式：灶身为筒状，直壁，下部略外撇，三个灶眼呈"品"字形分布。正面设长方形封底式灶门，灶门上端置挡火沿，尾部斜置一圆柱形烟囱，烟囱顶部有两周小穿孔。如岩上M48:3[23]。

2式：三个灶眼呈"品"字形分布，灶釜一体。正面设长方形封底式灶门，灶门上端置挡火沿，后端无烟囱。如岩上M57:14[24]、丰台南苑槐M4:3[25]、亦庄X10号地M26:3[26]。

Bc型：灶面设一个灶眼，正面设拱形落地式灶门，灶门上端置挡火沿，后端上部设一圆孔烟囱。如窦店M5:3[27]。

规律：该型灶是北京地区发现最多，最为常见的类型。单眼灶的Bc型制作简单，Ba1式和Bb1式主要发现于某个时期，Ba2式、Bb2式和Bb3式均在继承其1式的基础上，烟囱、灶门稍作变化，继而延续至东汉晚期。

1. Ba型Ⅰ式平谷兴谷河M1: 8

2. Ba型Ⅱ式平谷杜辛庄M2: 3

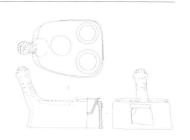

3. Bb型Ⅰ式岩上M48: 3

4. Bb型Ⅱ式岩上M57: 14

5. Bc型窦店M5: 3

图二　B型　马蹄形灶

C型：圆形灶（图三）。

根据灶眼的数量，可将其分为两个亚型：

Ca型：平面略呈圆形，侧面呈梯形。灶面设一个灶眼，正面设长方形封底式灶门，无挡火沿，后端上部设一圆孔烟囱。如平谷兴谷河M19: 8[28]。

Cb型：灶面设三个灶眼。

根据烟囱形态的不同，可将其分为两式：

1式：灶面下部外撇，宽于上部。三个灶眼呈"品"字形分布，正面设长方形落地式灶门，尾部斜置一蘑菇状烟囱，其顶部有六个小穿孔，无挡火沿。如岩上M34: 7[29]。

2式：平面略呈圆形，侧面呈梯形。三个灶眼呈"品"字形分布，正面设长方形落地式灶门，无挡火沿，后端无烟囱。灶门上方饰网格纹，两侧饰刻画纹。如平谷兴谷河M11: 6[30]。

规律：该型灶在东汉早中期有较多的发现，多制作较简单，形状不甚规整。Cb型Ⅱ式在继承前期的基础上，烟囱或有或无，并开始出现简单的纹饰图案。

D型：梯形灶（图四）。

根据灶眼的多少，可将其分为三个亚型：

Da型：灶面设三个灶眼。

根据烟囱形态的不同，可将其分为两式：

1式：灶身为筒状，前宽后窄，直壁。三个灶眼呈"品"字形分布，正面设长方形落地式灶门，无挡火沿，后端无烟囱。灶体两侧饰绳纹。如亦庄X10号地M17: 7[31]、亦庄X11号地M16: 1[32]。

2式：灶釜一体，三个灶眼呈"品"字形分布，前面并排两个较小，后面一个较大。正面设长方形封底式灶门，无底内空，灶门上端置挡火沿，后端有方形实心烟囱。如窦店M12: 6[33]、丰台南苑植M6: 1[34]。

Db型：灶面设两个灶眼。灶身上小下大，侧面呈梯形，灶眼横向分布。正面设长方形落地式或封底式灶门，灶门上端置挡火沿，后端上部设一圆孔烟囱。挡火沿上侧饰线状波形纹。如平谷

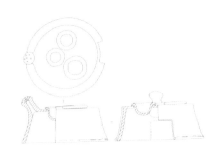

1．Ca型平谷兴谷河M19：8 　　　2．Cb型Ⅰ式岩上M34：7 　　　3．Cb型Ⅱ式平谷兴谷河M11：6

图三 C型 圆形灶

兴谷河M7：9[35]。

Dc型：四壁竖直，灶面设四个灶眼，正面设长方形落地式灶门，无挡火沿，后端有方形实心烟囱。灶釜一体，灶面空余部分压印菱形、勺形、圆饼形纹。如亦庄X10号地M29：4[36]。

规律：该型灶主要在东汉晚期较为多见，Da1式在东汉早中期单一地存在，晚期出现的Da2式在继承1式的基础上，灶门稍有变化，出现各种图案装饰，形状更加规整，制作也更加规范，并且在该期也发现有Db型两眼灶和Dc型四眼灶。

E型：长方形灶（图五）。

根据灶眼的多少及烟囱形态的不同，可将其分为三式：

1式：灶面设四个灶眼，正面设长方形封底式灶门，灶门上端置挡火沿，后端有方形实心烟囱。灶釜一体，灶面左侧及后侧饰有鱼、圆饼形纹，正面刻划菱形纹。如亦庄X10号地M25：12[37]。

2式：灶面设一个灶眼，正面设梯形落地式灶门，灶门两侧阴刻出"五"字图案，无底内空，灶门上端置挡火沿，后端有方形烟囱。灶釜一体，灶面上捏制出勺、盆等炊具，两侧边框阳刻"五"字图案。如丰台王佐遗址M3：1[38]。

3式：灶面设三个灶眼，呈"品"字形分布，前端两灶眼较小，后端灶眼较大，正面设长方形封底式灶门，无底内空，灶门上端置挡火沿，后端有方形实心烟囱。灶面灶眼周围分别以堆塑或刻划方式装饰勺、饼等与饮食、炊事相关的用品图像。如丰台南苑槐M18：16[39]、丰台王佐M12：1[40]、M23：11[41]。

规律：该型灶主要发现于东汉中晚期，所发现的该型灶均制作规范，普遍装饰有各种与炊煮相关的图案纹样。该型中1式四眼灶发现的数量最少，

1．Da型Ⅰ式亦庄X10号地M17：7 　　　2．Da型Ⅱ式窦店M12：6

3．Db型平谷兴谷河M7：9 　　　4．Dc型亦庄X10号地M29：4

图四 D型 梯形灶

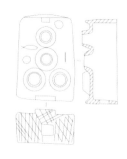 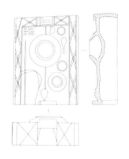 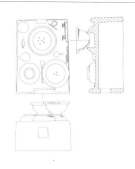

1. E型Ⅰ式亦庄X10号地M25：12　　　　　　2. E型Ⅱ式丰台王佐M3：1　　　　　　3. E型Ⅲ式丰台南苑槐M18：16

图五　E型　长方形灶

仅存在于单独时期；三眼灶的Ⅲ式发现数量最多，且多见于晚期；2式、3式灶共存一段时间，但3式灶替代了2式灶釜一体的制作方法，比2式更加规范，因此2式在中晚期逐渐减少，而Ⅲ式继续保持流行。

二、北京地区汉墓出土陶灶年代划分

根据已发表的资料，对上述类型学的研究进行年代的划分，可分为四期：西汉中晚期、东汉早期、东汉中期、东汉晚期。

西汉中晚期　在所统计的陶灶资料中，平谷东高村M2：7[42]年代为西汉中期稍晚，同时也是北京地区发现最早的陶灶。该期发现的陶灶数量很少，有Aa型、Ab1式、Ba1式，所占比重较小。这一时期陶灶刚开始作为随葬明器，在墓葬中只有零星的发现。由此可知在西汉中晚期的北京地区，陶灶并没有被广泛地作为明器随葬于墓葬之中。

东汉早期　这一时期墓葬中随葬陶灶的情况开始逐渐增多，且陶灶的平面形状多样，有圆形、三角形、马蹄形、梯形，制作不甚规整，陶灶的主要构成元素也不是都存在，但不乏有制作精细者。本期流行的陶灶主要是Ab2式、Ba2式、Bb1式、所有C型灶、Da1式。陶灶主要以素面为主，灶面上的灶眼普遍以三个为主，呈"品"字形分布，且一般

是前一个比后两个相对较大。灶身一般置有方形灶门，并非灶门上端都有挡火沿。灶身后端一般都带有圆形的烟孔，当作示意性的烟囱。这一时期，在岩上墓地还发现有一种造型特殊的长囱灶：将烟囱制作成斜向上伸出的圆柱形状，即Ab2式、Bb1式、Cb1式。

东汉中期　该时期陶灶开始普遍作为随葬品出现在墓葬之中，出土的陶灶数量相比上期有所增加，并且逐渐成为随葬明器组合中的一部分。本期陶灶的平面形状仍为上期流行的几种，主要是Bb2式、Bc式和所有E型灶，Ab1式、Ba2式、Cb2式、Da1式的陶灶延续前期也继续存在，其中以B型马蹄形灶为主要形制。另外，在本期开始新出现E型长方形陶灶，并趋于流行，与B型马蹄形灶一同成为本期的主流。这一时期的陶灶形状结构延续上期，但制作更加规范化，火门、挡火沿、烟孔状的烟囱都是必不可少的构成元素。此外，本期的陶灶灶身开始出现简单的纹饰或堆塑出与饮食相关的图案作为装饰。

东汉晚期　随着社会经济的稳定发展，该时期的陶灶发现的数量最多，并与仓、井、釜、勺等成为随葬明器的固定组合，成套随葬在墓葬之中。这一时期的陶灶平面形状以Bb2式、Bc型、Da2式、Db型、E型3式为主，也有个别Ab1式、Dc型、E型2式的出土。在继承前期风格的基础之上，陶灶相比前期更加规整，不仅制作更加精细，而且灶身的装饰也越来越普

表一　北京地区出土陶灶分期表

型式 / 期别		西汉中晚期	东汉早期	东汉中期	东汉晚期
A型	Aa型	√			
	Ab型 1式	√		√	√
	Ab型 2式		√		
B型	Ba型 1式	√			
	Ba型 2式		√	√	
	Bb型 1式		√		
	Bb型 2式			√	√
	Bc型		√	√	
C型	Ca型	√			
	Cb型 1式		√		
	Cb型 2式		√	√	
D型	Da型 1式		√	√	
	Da型 2式				√
	Db型			√	
	Dc型			√	
E型	1式		√		
	2式		√	√	
	3式		√	√	

遍化，一般都会在灶面上堆塑或捏制出与饮食、制作相关的图案，配以各种几何形纹饰。

根据以上分期，可以得到北京地区出土陶灶的分期表如表一所示。

三、总结

从表一可以看出陶灶的类型变化经历了从简单到复杂的过程。西汉中期稍晚，陶灶就已经出现，不过发现的数量还比较少。在被制成明器之初，灶身平面近似三角形，火门、挡火沿、圆孔状的烟囱这些陶灶的构成部分都有所体现，但形状比较单一。西汉晚期的陶灶，开始出现近似马蹄的形状，可能由三角形陶灶演变而来，这种马蹄形的陶灶，一直延续到东汉晚期都有发现。东汉时期的陶器，反映了当时地主阶级的庄园经济模式[43]。随着模型明器的发展，整个东汉时期的墓葬中随葬陶灶的数量不断增多。东汉早期的陶灶，平面形状多样，造型一般不太规则，形状相

比前期更加丰富。方形陶灶的出现，不晚于东汉中期，最初造型都比较简单，而该时期器物组合也逐渐被固定下来。东汉晚期，陶灶最显著的提点就是灶台上部一般都会做出挡火沿、挡火墙，而灶面也印出鱼、圆饼、勺等与食物或厨具相关的仿现实生活场景，繁复多样，体现出当时社会多样的物质文化和劳动人民丰富的内心世界；并且，对后代墓葬随葬品的构成产生了一定的影响。

此外，北京地区的陶灶还有另外两个特殊的现象：一、在岩上墓地中发现数量较多、烟囱形状比较逼真的长囱灶，如岩上M28：1[44]、M34：7[45]、M38：6[46]、M39：3[47]、M48：3[48]等，而在其他地区墓葬中少有发现。其形状可分为三角形、圆形、马蹄形，年代均为东汉早期，说明该种陶灶可能是东汉早期的岩上地区主要流行的样式。二、在平谷区发现的墓葬中出土的陶灶，如平谷杜辛庄M5：25[49]、M10：10[50]、平谷兴谷河M6：20[51]、M21：15[52]、平谷西杏园M2：12[53]、M7：11[54]，灶面上均装饰有同心圆纹饰，且年代均为东汉晚期。参考这些墓葬中出土的其他随葬品，同心圆纹在陶仓、陶井等器物上也有出现。同心圆纹在这些器物上的分布大多并没有严格的规律可寻，甚至部分器物表面装饰的同心圆纹更像是随意堆加的。但除北京平谷地区的这些墓葬外，其他地区墓葬中出土的陶灶或其他随葬品上均未发现有相同或相似的纹饰。可见，同心圆纹是北京平谷地区东汉中、晚期出现的地域性纹饰。

灶的出现和发展，不仅更好地解决了人们日常烹煮食物的需求，同时也提高了效率，对人们的生产和生活有着十分重要的意义。自西汉中期陶灶出现在北京地区墓葬中开始，一直到东汉时期，陶灶一直是北京地区两汉墓葬较为常见的随葬明器。陶灶的发展演变，是人们不断改进灶台、充分利用火能的表现。对于陶灶的研究，不仅可以展示两汉时期"事死如事生"的丧葬文化，也可以帮助我们窥见古

代社会劳动人民的生产和生活方式，直观地了解汉代人们的生活习惯、饮食文化以及思想信仰等方面的信息[55]，以指引我们更好地了解和探索古代文化。

①王素花：《西安地区汉墓出土陶灶分析》，《文物春秋》2016年第4期。

②梁云：《论秦汉时代的陶灶》，《考古与文物》1999年第1期。

③余静、张成明：《两汉墓葬中出土陶灶的考古类型学研究》，《江汉考古》2012年第1期。

④朱津：《汉墓出土陶灶研究》，郑州大学，2010年。

⑤朱津：《论汉墓出土陶灶的类型与区域特征》，《中原文物》2015年第2期。

⑥芦雨婷：《西安地区中小型汉墓出土陶灶研究》，山西大学，2020年。

⑦周俊屹：《河西地区汉晋墓葬出土陶灶研究》，西北师范大学，2016年。

⑧张勇：《豫北汉代陶灶》，《中原文物》2007年第5期。

⑨李军霞：《河南禹州新峰墓地出土陶灶研究》，《黄河·黄土·黄种人》2018年第10期。

⑩田源：《新乡地区汉墓出土陶灶研究》，《河南科技学院学报》2017年第7期。

⑪田源：《河南地区汉墓出土陶灶研究》，河南师范大学，2017年。

⑫耿瑗洁：《汉代幽冀地区中小型墓葬出土陶灶研究》，中央民族大学，2020年。

⑬徐博文：《汉灶装饰纹样中的汉代丧葬观念》，《艺海》2019年第12期。

⑭北京市文物研究所：《北京亦庄X11号地考古发掘报告》，科学出版社，2012年，第92页。

⑮㊷北京市文物研究所：《北京平谷东高村汉唐墓葬发掘简报》，《北方文物》2015年第2期。

⑯㊿北京市文物研究所：《平谷杜辛庄遗址》，科学出版社，2009年，第56页。

⑰北京市文物研究所：《平谷汉墓》，科学出版社，2011年，第24页。

⑱㊹北京市文物研究所：《岩上墓葬区考古发掘报告》，《北京段考古发掘报告集》，科学出版社，2008年，第44页。

⑲㊻北京市文物研究所：《岩上墓葬区考古发掘报告》，《北京段考古发掘报告集》，科学出版社，2008年，第54页。

⑳㊼北京市文物研究所：《岩上墓葬区考古发掘报告》，《北京段考古发掘报告集》，科学出版社，2008年，第59页。

㉑北京市文物研究所：《平谷汉墓》，科学出版社，2011年，第15页。

㉒北京市文物研究所：《平谷杜辛庄遗址》，科学出版社，2009年，第32页。

㉓㊽北京市文物研究所：《岩上墓葬区考古发掘报告》，《北京段考古发掘报告集》，科学出版社，2008年，第80页。

㉔北京市文物研究所：《岩上墓葬区考古发掘报告》，《北京段考古发掘报告集》，科学出版社，2008年，第90页。

㉕北京市文物研究所：《丰台南苑汉墓》，科学出版社，2019年，第18页。

㉖北京市文物研究所：《北京亦庄X10号地》，科学出版社，2010年，第64页。

㉗北京市文物研究所：《窦店与长阳》，科学出版社，2013年，第25页。

㉘北京市文物研究所：《平谷汉墓》，科学出版社，2011年，第54页。

㉙北京市文物研究所：《岩上墓葬区考古发掘报告》，《北京段考古发掘报告集》，科学出版社，2008年，第50页。

㉚北京市文物研究所：《平谷汉墓》，科学出版社，2011年，第49页。

㉛北京市文物研究所：《北京亦庄X10号地》，科学出版社，2010年，第50页。

㉜㊺北京市文物研究所：《北京亦庄X11号地考古发掘报告》，科学出版社，2012年，第47页。

㉝北京市文物研究所：《窦店与长阳》，科学出版社，2013年，第56页。

㉞北京市文物研究所：《丰台南苑汉墓》，科学出版社，2019年，第160页。

㉟北京市文物研究所：《平谷汉墓》，科学出版社，2011年，第38页。

㊱北京市文物研究所：《北京亦庄X10号地》，科学出版社，2010年，第70页。

㊲北京市文物研究所：《北京亦庄X10号地》，科学出版社，2010年，第61页。

㊳北京市文物研究所：《丰台王佐遗址》，科学出版社，2010年，第50页。

㊴北京市文物研究所：《丰台南苑汉墓》，科学出版社，2019年，第70页。

㊵北京市文物研究所：《丰台王佐遗址》，科学出版社，2010年，第68页。

㊶北京市文物研究所：《丰台王佐遗址》，科学出版社，2010年，第100页。

㊸黄秀纯：《简论北京地区出土的陶器》，《北京文物与考古》2002年第5辑。

㊾北京市文物研究所：《平谷杜辛庄遗址》，科学出版社，2009年，第46页。

㊿北京市文物研究所：《平谷汉墓》，科学出版社，2011年，第35页。

㋕北京市文物研究所：《平谷汉墓》，科学出版社，2011年，第72页。

㋖北京市文物研究所：《平谷汉墓》，科学出版社，2011年，第89页。

㋗北京市文物研究所：《平谷汉墓》，科学出版社，2011年，第112页。

㋘曹建强：《汉代陶灶面面观》，《农村·农业·农民》(A版)2020年第11期。

（作者单位：郑州大学历史学院）

（上接第28页）

在铜锡合金中，随着锡含量的增加，α相和δ相呈现此消彼长的趋势，其中α相尺寸会逐渐减小，形态也经历从树枝状到条状最后到针状的变化过程，说明在铜镜合金中出现的针状组织，并非淬火或淬火后回火的产物，而是一种高锡状态下的α相，为铸态组织[5]。此次分析的铜镜样品也符合以上规律。除此而外，本文还将16件铜镜的合金成分与其厚度、直径、纹饰进行了交叉对比，并未发现之间有直接联系。

四、结论

广阳城墓地出土的39件西汉至魏晋时期的铜镜均为铜锡铅三元合金，经取样分析的16件铜镜均属于含铅高锡青铜材质，基本符合典型的汉镜合金配比。虽然铜镜的具体年代不同，但是合金成分较为一致，显示了合金技术的稳定性。16件铜镜的金相组织根据锡含量的不同，可观察到条状、针状及交叉状的α相，金相组织中均未见β′马氏体等高锡青铜淬火显微组织，应未受到淬火等热处理，制作工艺为铸造成型。

①程利等：《房山长阳镇两汉魏晋墓群》，《中国考古学年鉴2020》，中国社会科学出版社，2021年。

②董亚巍：《中国古代铜镜工艺技术研究》，鄂州图内字（99）第013号。

③卢轩等：《一批长安汉镜的金属技术研究》，《有色金属（冶炼部分）》2018年第12期。

④何堂坤：《中国古代铜镜的技术研究》，中国科学技术出版社，1992年。

⑤孙淑云，N. F. Kennon：《中国古代铜镜显微组织的研究》，《自然科学史研究》1992年第1期。

（作者单位：北京市考古研究院）

北京房山良乡拱辰街道东汉墓发掘简报

北京市考古研究院

为配合房山新城拱辰街道中心区一至五街改造定向安置用房（二期）项目工程建设，北京市考古研究院于2021年12月12日至14日，对该项目用地范围内发现的古墓葬进行了考古发掘。发掘地点位于房山区良乡镇拱振街道区域内，北邻良乡中路，东邻拱辰南大街，西邻罗府街，南邻南关西路（图一）。此次发掘清理东汉墓葬1座（M1），现将发掘墓葬简报如下。

一、墓葬形制

该墓位于发掘区东南部，开口于第③层下。南北向，方向175°。平面呈"刀"形，竖穴土圹砖券单室墓。墓口距地表2米，墓底距地表3.4米。墓圹南北长8.56米，东西宽0.6—2.14米，深1.4米。由墓道、墓门、墓室三个部分组成（图二；照片一）。

墓道　位于墓门南部。为二次使用，第一次使用时墓道偏西，为斜坡式，长2.7米，南部残留宽度0.6米，坡度30°；第二次使用平面呈梯形，北宽南窄，南北长4.4米，宽0.6—0.9米。两壁平整，底部两端呈斜坡状，上部坡度较陡，坡长1.78米，坡度35°，下部

缓平，坡长2.3米，中部修筑一步台阶，面宽0.76米，进深0.5米，高0.04米。斜坡从开口至墓底深1.4米。

墓门　位于墓道与墓室之间。平面呈长方形，面宽0.95米，进深0.28米，顶部已被破坏，残高1.03米。门内用青灰砖叠压侧立砌制封堵，残高0.7米，外侧用砖块叠压平砌二次封堵，残高0.8米。青灰砖皆素面，规格为14厘米×7厘米×2.5厘米。

墓室　位于墓门北部。顶部已被破坏，券制不明。平面呈长方形，方角弧壁，四壁残留部分用青灰砖二顺一丁叠压垒砌，残高0.98—1.22米，底部用砖纵横平铺墁地。青灰砖皆素面，规格为14厘米×7厘米×2.6厘米。墓室内北部置一器物台，平面呈长方形，面宽1.42米，进深

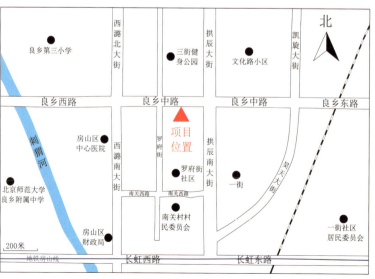

图一　发掘区位置示意图

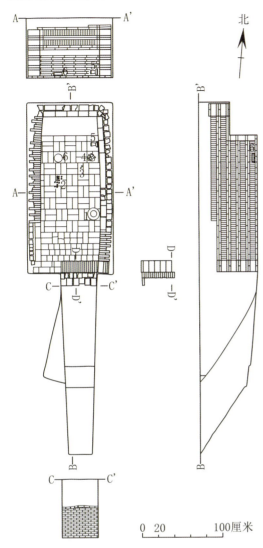

图二　M1平、剖面图

1.陶罐　2.铜钱　3.铜环
4.陶钵　5.陶灯　6.陶奁

照片一　M1

0.6米，高0.63米，台壁残留部分用单砖叠压平砌包边，内为生土。由于盗扰严重，墓室内未见葬具及人骨痕迹。

二、随葬器物

此次发掘出土随葬器物有陶罐1件、陶钵1件、陶灯1件、陶奁1件、铜环3件、铜钱40枚。

陶罐　M1：1，近直口，尖圆唇，短束颈，溜肩，鼓腹斜收，平底。肩部饰两周弦纹间隔一周波浪纹，腹部压印两周细绳纹，下腹部饰数周凹弦纹，近底处饰模糊方格布纹。泥质灰陶，火候高，手、轮兼制。口径16厘米、腹径29.8厘米、底径20厘米、通高20厘米（图三，3；照片二）。

陶钵　M1：4，敛口，短折沿，尖圆唇，弧腹内收，小平底。夹砂红陶，火候高，轮制，腹部有轮旋痕。口径12厘米、底径4厘米、通高4厘米（图三，1；照片三）。

陶灯　M1：5，灯盘侈口，平沿，圆唇，浅弧腹内收，喇叭形底座，中空，盘腹下饰一周凸弦纹，座壁见刮胎痕。泥质灰陶，火候高，手、轮兼制。灯盘直径13.8厘米、灯座底径9.8厘米、通高16.6厘米（图三，4；照片四）。

陶奁　M1：6，直口，方圆唇，浅直腹，平底，底附三蹄形足。颈部饰三周凹弦纹，腹部饰二周凹弦纹。泥质灰陶，火候高，手、轮兼制。口径20厘米、底径19.5厘米、通高7.6厘米（图三，2；照片五）。

铜环　3件。M1：3，形制、大小相同，两环因锈蚀黏结。标本M1：3-1，铜

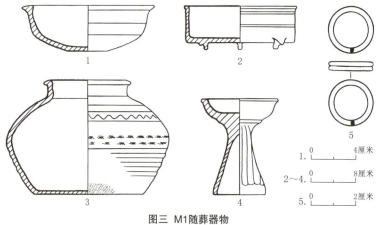

图三 M1随葬器物

1.陶钵（M1：4） 2.陶盒（M1：6） 3.陶罐（M1：1） 4.陶灯（M1：5） 5.铜环（M1：3）

1. |———| 4厘米
2~4. |———| 8厘米
5. |———| 2厘米

四，1）；标本M1：2-2，钱径2.25厘米、穿径0.65厘米、郭厚0.13厘米、郭宽0.14厘米，重2.32克（图四，2）。

五铢 38枚。均为范铸，圆形方穿，正面篆书"五铢"二字，对读。"五"字交笔弯曲，"金"字头呈等腰三角形，四点排列整齐，"朱"字头圆折。标本M1：2-3，剪边，钱面内外

照片二 陶罐（M1：1）

照片三 陶钵（M1：4）

照片四 陶灯（M1：5）

照片五 陶盒（M1：6）

质，模铸，圆环形。直径2厘米、厚0.2厘米（图三，5）。

铜钱 40枚。

货泉 2枚。均为范铸，圆形方穿，正面篆书"货泉"二字，对读。"泉"字中竖中断，正面、背面内外均有郭。标本M1：2-1，钱径2.3厘米、穿径0.7厘米、郭厚0.14厘米、郭宽0.14厘米，重2.77克（图

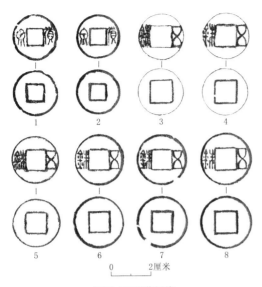

图四　M1随葬铜钱

1、2.货泉（M1：2-1、M1：2-2）3-8.五铢（M1：2-3、M1：2-4、M1：2-5、M1：2-6、M1：2-7、M1：2-8）

无郭，钱背外郭不存，内郭模糊。钱径2.28厘米、穿径1.02厘米、肉厚0.06厘米、重1.23克（图四，3）；标本M1：2-4，剪边，钱面内外无郭，钱背外郭不存，内郭模糊。钱径2.3厘米、穿径1厘米、肉厚0.06厘米、重1.84克（图四，4）；标本M1：2-5，正面、背面内外均有郭。钱径2.4厘米、穿径0.9厘米、郭厚0.08厘米、郭宽0.01厘米、重1.5克（图四，5）；标本M1：2-6，正面、背面内外均有郭。钱径2.25厘米、穿径0.95厘米、郭厚0.13厘米、郭宽0.15厘米、重2.5克（图四，6）；标本M1：2-7，正面、背面内外均有郭。钱径2.55厘米、穿径0.9厘米、郭厚0.13厘米、郭宽0.15厘米、重2.5克（图四，7）；标本M1：2-8，正面、背面内外均有郭。钱径2.6厘米、穿径0.95厘米、郭厚0.11厘米、郭宽0.12厘米、重2.4克（图四，8）。

三、结语

该墓未发现明确纪年遗物，仅从墓葬形制和随葬器物加以分析。墓葬为“刀”形竖穴土圹砖券单室墓，与房山南正M15[①]、北京亦庄80号地M73[②]、平谷杜辛庄M5[③]、房山岩上M40[④]形制相似，为北京地区东汉墓葬的典型形制。由于该墓盗扰严重，出土随葬品较少，陶罐M1：1与北京亦庄新凤河路东汉墓M2：3[⑤]形制相似，铜环M1：3与房山长阳汉墓M2：4、M2：6[⑥]形制相似，陶钵M1：4与房山南正汉墓M10：13[⑦]形制相似，陶灯与北京亦庄新凤河路东汉墓M4：7[⑧]形制相似，陶奁M1：6与北京亦庄博兴路东汉墓M2：19、M3：13[⑨]形制相似。墓葬所用青灰砖规格较小，为典型汉代小砖。墓中出土的五铢钱，“五”字交笔弯曲，“金”字头较西汉五铢为大，四点也较长，“朱”字头圆折，中间直笔两头较细，为东汉五铢的显著特征[⑩]，并且还有部分剪轮五铢和字、郭模糊的五铢小钱，为东汉晚期五铢钱特征。综上可初步判断该墓年代为东汉晚期。

该墓虽遭盗扰破坏，葬具及人骨未见，但墓葬形制结构可辨，出土器物特点鲜明。此外，该墓位置距汉代广阳城遗址约4千米，因而为汉代广阳城遗址研究和北京地区东汉墓葬形制及器物的发展演变提供了新资料。

发掘：张智勇　曾祥江

绘图：张智勇

摄影：张智勇

执笔：张智勇　曾祥江

①⑦北京市文物研究所：《房山南正遗址——拒马河流域战国以降时期遗址发掘报告》，科学出版社，2008年。

②⑤⑧⑨北京市文物研究所：《北京亦庄考古发掘报告（2003—2005年）》，科学出版社，2009年。

③北京市文物研究所：《平谷杜辛庄遗址》，科学出版社，2009年。

④北京市文物研究所：《北京段考古发掘报告集》，科学出版社，2008年。

⑥北京市文物研究所：《房山长阳1号地汉墓》，《文物春秋》2010年第2期。

⑩朱活：《古钱小辞典》，文物出版社，1995年，第48页。

试析燕山南麓辽代随葬陶器

孟庆旭　　董伟佳

一、前言

后唐清泰三年（936），石敬瑭割让幽、蓟等十六州与辽，辽会同元年（938）升幽州为南京，辽开泰元年（1012）改南京为燕京析津府，直至辽王朝灭亡前，该区域一直处于辽的稳定统治之下。有辽一代，契丹——辽族群与中原汉人在此区域交错杂居，留下了大量的遗存，这些遗存中，墓葬保存信息相对完整，同时也吸引了学界的关注。

目前学界对于该区域辽墓的研究主要集中于壁画方面，如潘静对宣化辽墓中孝子图的解读[1]，衣长春等对辽代壁画中备茶图的梳理[2]，梁爽对辽墓内装饰内容进行了研究[3]等。也有学者从宗教、文化交流等方面解读该区域的辽代墓葬，如陈捷等对宣化辽墓内宗教因素进行了分析[4]，陈朝云等对宣化辽墓反映的宋辽文化交流信息进行了讨论[5]，于梦霞对河北省宋辽墓葬内出土的瓷器进行了梳理总结[6]。赵东海对长城以南宋元时期的火葬墓研究亦涉及了该区域的辽代墓葬[7]等。

燕山南麓的辽代墓葬内往往随葬有大量的陶器。对于这些陶器，目前学界关注较少。陶器作为日常生活中迭代速率较快的物品能够反映社会生活的变化。墓葬内随葬的陶器往往是现实生活的映射，同时也具有较大的保守性，因此，有必要对该区域辽墓内出土的陶器进行分析与讨论，借此管窥燕山南麓辽代的族群及其社会生活。

二、辽代随葬陶器情况

目前燕山南麓地区出土陶器较多的辽墓按照发现年代主要有如下资料。1954—1957年间，北京市文化局文物调查组曾经清理一批辽墓，在永定门西彭庄发现一处辽代墓葬群，清理了一批墓葬，其中一号和二号辽墓出土陶器较多，一号辽墓出土陶器34件，器类主要有盆、罐、鼎、碗、注、灶、锅、剪、直把勺、多孔器、三兽足罐、圜底盆、三耳器等。其中部分陶罐带彩绘及塔式器盖。少量陶盆内刻有纹饰。陶鼎有素面无耳和兽足双耳两类。二号辽墓内出土陶器16件，包括三耳器、灶、灶圈、锅、鼎、罐、盆、直把勺、壶、鐎斗诸多器类[8]。

1981年，北京市文物工作队在八宝山东南清理了辽韩佚墓，墓葬内出土了20件陶器，其中包括带钮盖的釉陶罐、带钮盖陶罐、执壶、釜、鏊子、研磨钵、三足炉、盆、勺、火圈、砚诸多器类[9]。

1983年，张家口地区文管所在怀来县桑园村发现一座辽金墓，并征集了墓葬内的随葬品，原报告称墓葬随葬品为未施釉瓷胎，共计有19件，包括案、椅、凤首瓶、筒形小口瓶、壶、罐、盆、碗、炉等诸多器类，其中炉可分为带耳短足和不带耳长足两类[10]。

1986年，昌平县文物管理所在南口镇陈庄村清理了两座辽墓，其中编号为M1的墓葬保存较好，出土了一批陶器，总计43件，包括筒形罐（其中1件底部被打破）、罐、盏托、簸箕、注子、瓶、盘、水斗、盆、杯、三足盘、熨斗、碗、唾盂、鏊子、花口钵、釜、花口勺、男女俑诸多器类，其中盘类可分为素面宽沿盘和花草纹盘，花草纹主要有卷草纹、波浪卷草纹、莲花纹、缠枝花卉纹[11]。

1987年张家口文物管理所在下花园区清理了一座辽墓，墓葬内出土有9件陶器，包括三足盘、鏊子、高柄杯、壶、剪刀、熨斗、罐诸多器类。其中三足盘形态可分为不带耳兽形足和双耳兽足两类[12]。

1992年天津历史博物馆考古队与蓟县文物保护管理所在蓟县弥勒院村清理了辽墓一座，出土了20件陶器，主要有罐、陶缸、盆、蒸锅、鏊子、鼎、镶斗、釜、熨斗、剪刀诸多器类。其中陶罐可分为双耳圆腹罐和无耳圆腹罐两类[13]。

1971年起河北省文物研究所等单位开始发掘清理宣化辽墓，其中1993年发掘清理的墓葬M5内出土有大量陶器，总计出土陶器30件，主要包括罐、盏托、陶灯、簸箕、熨斗、方盘、水斗（原报告称柳斗）、镜、盂、执壶、杯、盆、鏊子、陶剪刀、三足炉、鏊耳罐、鼎、镶斗、器盖诸多器类。其中陶罐可分为长腹罐和圆腹罐两类，陶水斗有带提梁和无提梁区别，陶器盖钮部形状有珠形钮和桥形钮之别[14]。墓葬M7内出土陶器19件，包括执壶、盂、鼎、三足釜、盆、仓、匜、灯碗、熨斗、甑、剪刀诸多器类。其中陶仓可分为彩绘带盖陶仓和素面陶仓两类。墓葬内还出土有大量的瓷器[15]。

1999年廊坊市文物管理处与安次区文物保管所在安次区西永丰村清理了一座辽代砖室墓，墓葬内出土29件陶器，包括仓罐、罐、杯、盆、盘、匜、花边口碗、小盏、注子、熨斗、釜、盏托、灯、簸箕、唾盂诸多器类。其中陶罐可分为长腹罐、圆腹罐、双系罐三类[16]。

2000年，北京市文物研究所在丰台路口南清理了一座辽代墓葬，出土了13件陶器，主要包括执壶、六鏊锅、三足罐、甑、罐、铛、勺、剪诸多器类。其中三足罐有无耳三足罐和兽足三足罐两类[17]。

2002年北京市文物研究所在大兴区青云店清理了两座辽代砖室墓，分别编号为M1和M2，两座墓葬内均出土有陶器，M1内出土12件陶器，包括罐、碗、盆、灶、锅、甑、剪刀诸多器类。其中陶罐有带盖和不带盖两类，陶盆有深腹盆和浅腹盆两类。M2内出土陶器23件，包括灶、锅、六鏊锅、甑、盆、罐、碗、三足罐、三足盆、勺、铛、执壶、剪刀诸多器类。其中陶罐有带盖和不带盖两类，陶盆有深腹盆、浅腹盆和曲腹盆三类[18]。

2004年，北京市文物研究所在大兴区杨各庄村清理了七座辽墓，其中编号为M1和M2的墓葬内出土了较多陶器。M1出土有陶器11件，包括罐、三足釜、剪刀、盆、器盖；M2内出土有陶器10件，其中包括盆、罐、碗、釜、器盖[19]。

2005年，北京市文物研究所为配合工程建设对门头沟区龙泉务村的辽金墓葬进行了发掘清理，清理出辽金时期墓葬22座，共出土陶器297件。其中编号为M16、M21、M29的墓葬出土陶器较多。M16内出土陶器20件，其中有罐、平底釜、平底盆、三足盆、熨斗、甑、小灯碗、钵、剪、器盖诸多器类。M21内出土陶器24件，其中有罐、平底釜、三足釜、平底盆、三足盆、熨斗、甑、小灯碗、钵、器盖诸多器类。M29内出土陶器26件，包括罐、平底釜、三足釜、平底盆、三足盆、三足盘、鏊子、熨斗、甑、执壶、匜、小灯碗、钵、剪、器盖诸多器类。在其余墓葬内还见有勺、箕、单耳魁等器类[20]。

2007年廊坊市文物管理处对馨钻界小区内辽代墓群进行了清理，其中编号为M1、M2和M3的墓葬内出土有较多陶器。其中M1内出土陶器13件，包括仓罐、罐、盆、熨斗、三足灯盘、渣斗、盂。M2内出土陶器19件，包括仓罐、罐、水斗、盆、陶臼、鏊子、釜、带盖罐、甑、熨斗、三足灯盘、执壶、剪刀、簸箕、匜。M3内出土陶器14件，包括仓罐、罐、釜、提梁罐、盘、甑、盆和簸箕[21]。

2012年廊坊市文物管理处在固安县大王村清理了三座辽墓,分别编号为M1、M2和M3,三座墓葬内均出土有陶器,M1内出土陶器2件,分别为簸箕和提梁水斗。M2内出土陶器16件,包括仓罐、提梁罐、碗、印花盘、花口盘、三足盘、双耳铛、盆、花口尊、剪刀、錾、簸箕、熨斗和纺锤。其中陶碗可分为敛口碗、花口碗和直口碗三类。M3内出土陶器22件,包括仓罐、提梁罐、盖罐、鼓腹罐、花口碗、直口碗、敛口碗、盆、承、钵、盏托、执壶、匜和花口尊[22]。

三、随葬陶器分析

由上述材料可知在燕山南麓地区辽代墓葬内出土的陶器器类较为丰富,主要器型均为模仿生产生活实用器,不同报告对上述器物的称呼略有差别,根据部分墓葬出土的实用性铁质遗物和墓葬壁画中对各类器物的描绘,基本可以确认上述器类的名称和性质。下面按照器类对燕山南麓辽代墓葬内陶器进行简单分析与讨论。

首先是仓罐类,燕山南麓地区辽墓单个墓葬内往往同时随葬有多个仓罐,这些仓罐大体可分为两类,一类是圆腹罐,多带有器盖,部分罐身饰有彩绘。主要见于北京彭庄一号、二号辽墓的陶罐,宣化辽墓M5中的长腹罐、M7内仓罐,廊坊馨钻界M2内三件带盖罐,韩佚墓内釉陶罐和带盖陶罐,北京丰台路口南辽墓陶罐,大兴区青云店辽墓M1和M2内的带盖罐,杨各庄辽墓M1和M2内也出土有陶罐和器盖,但由于墓葬被破坏,陶罐和器盖数量不对应,应该也是破坏后剩余的仓罐。另一类仓罐为直壁或斜直壁陶罐,主要为固安县大王村辽墓M2和M3,廊坊馨钻界M1和M3,安次区西永丰村辽墓,天津弥勒院辽墓的陶缸亦属此类,两类仓罐在龙泉务墓地中均有发现。

墓葬内随葬仓罐的传统可追溯至秦汉时期墓葬内随葬的陶仓,但是在唐代基本不见大规模随葬陶仓的迹象,有学者认为,唐墓中大量出现的塔式罐即为秦汉时期陶仓的延续[23],但是唐代塔式罐多带有底座和繁缛的装饰,燕山南麓地区辽墓内出土的仓罐显然不是从唐代塔式罐演化而来。在北京市邮政汽车保养场院内的唐墓[24]及辽宁朝阳韩贞墓[25]等唐代墓内发现有一类带盖陶罐,形态与燕山南麓辽代墓葬内出土的带盖仓罐形态接近,燕山南麓辽代墓葬内的带盖仓罐在器型上可能是由此演变而来。燕山南麓辽代墓葬内的直壁或斜直壁仓罐几乎不见于唐代墓葬内,在廊坊市馨钻界M2内同时出土有带盖仓罐和直壁仓罐,二者存在年代有较大重合,目前材料亦不支持直壁或斜直壁仓罐是由带盖仓罐演化而来。内蒙古磴口补隆淖和鄂托克前旗三段地汉代墓葬内见有原型直壁陶仓[26],与燕山南麓辽代直壁或斜直壁仓罐较为相类,但是亦没有可靠材料支持二者之间的演变。

除了仓罐之外,燕山南麓地区辽代墓葬内还常见一类与粮食生产有关的遗物——陶簸箕,主要见于宣化辽墓M5、昌平陈庄辽墓M1、廊坊西永丰村辽墓、廊坊馨钻界辽墓M2、固安县大王村辽墓M1和M2。这些陶簸箕,形态较为一致,为仿制生活中实用簸箕的明器。

实际生活中的簸箕多以竹、木编成,可以用于去除米糠。簸箕在我国出现很早,《诗经·小雅·大东》有"维南有箕,不可以簸扬"的诗句。汉代墓葬内经常出土有使用簸箕进行生产活动的陶俑,如新津汉墓里出土劳动形象男俑、女俑均有持用簸箕的形象[27]。在此后的太原开化北齐墓[28]、安阳隋代张盛墓[29]、长治北石槽唐代墓葬[30]内均见有持用簸箕的陶俑。燕山南麓地区辽代墓葬中的簸箕是秦汉以来墓葬内随葬持用簸箕的劳作俑延续,并摒弃了俑的形象。

陶水斗亦是燕山南麓辽代墓葬内常见的随葬陶器,见于宣化辽墓M5,昌平陈庄辽墓M1,固安县大王村辽墓M1、M2和

M3，廊坊馨钻界辽墓M3（原报告称为提梁罐）。自秦汉以来，即有在墓葬内随葬陶质水井模型的习俗，至隋唐时期仍然有部分墓葬内依旧可见此类水井模型，如平山县崔大善墓[31]。多数隋唐墓内已不见此类模型，取而代之的是另一类水器——提梁罐，此类提梁罐多为金属制品，如唐李倕墓内出土的铜质提梁罐[32]，江苏淮安如意里唐代水井内出土了多件铜制提梁罐[33]，明确了此类物品应为汲水器。辽代亦常见此类金属提梁罐，如赤峰大营子辽墓内出土的银质提梁罐[34]，关山辽墓4号墓葬壁画上亦见此类形象[35]。蓟县下闸村辽代水井内并未出土此类陶质提梁罐，井内出土的汲水器多为双系罐[36]，可知燕山南麓地区辽代墓葬内的此类陶水斗应该是模仿金属质提梁罐的明器。

陶质锅灶作为仿实用器的明器在燕山南麓地区辽墓内亦较为常见，主要有北京彭庄一号、二号辽墓的陶锅，宣化辽墓M5内出土錾耳锅、甑子，韩佚墓内出土錾耳锅、甑子，北京丰台路口南辽墓的陶錾锅，昌平陈庄辽墓M1出土甑子，张家口下花园辽墓出土甑子，蓟县弥勒院辽墓出土錾耳锅（原报告称釜）、甑子、甑（原报告称蒸锅），大兴区青云店辽墓M1和M2内各出土灶、錾耳锅与甑，怀来桑园辽金墓出土錾耳锅（原报告称釜），廊坊馨钻界辽墓M2出土甑和M3出土錾耳锅（原报告称釜）、甑，固安县大王村M2出土甑子。

墓葬内随葬陶质锅灶亦是秦汉时期中原的传统葬俗，秦汉时期陶灶多为多孔灶，其上多放置有小口圆腹的锅与大口甑。至隋唐时期，墓葬内随葬陶质锅灶的现象逐渐变少，同时灶亦由多孔灶向单孔演变。至辽代，在燕山南麓地区的辽墓内，随葬陶质锅灶的葬俗再次复兴，灶逐渐消失，剩下锅与甑。除此之外，唐代以来该区域墓葬内炊具增加了甑子，根据王仁湘先生考证，甑子作为炊具诞生于5000多年前的仰韶文化时期，甘肃省魏晋时期彩绘砖画墓内即有使用甑子的图像，辽代

文献中亦有食用煎饼的习俗[37]。山西大同辽代许从赟墓出土有铁质实用的甑子[38]，说明此时期在生活中确有使用甑子。也即燕山南麓辽墓对秦汉时期墓葬随葬锅灶的传统既有继承也有发展，融入本区域现实生活中使用的炊具。

燕山南麓地区辽代墓葬内还经常见有一类炊具，即陶制鐎斗。主要见于北京彭庄二号辽墓、宣化辽墓M5、北京丰台路口南辽墓（原报告称勺，有流）、怀来县桑园辽金墓、廊坊西永丰村辽墓（原报告称匜，有三足、柄及流，应为鐎斗）、固安县大王村辽墓M3（原报告称匜，其中一件有三足、柄及流，应为鐎斗）、蓟县弥勒院辽墓。其形态较为一致，皆为圆形器身，有柄有流，下接三足，与房山焦庄村出土的辽金时期实用铁质鐎斗（原报告称流勺）形态一致[39]，也属于仿实用器的陶明器。

张小东先生根据汉魏墓葬内鐎斗常与杯、碗等生活用具共出的情况，指出鐎斗应为炊具[40]。有研究认为鐎斗至宋元时期逐渐被铫取代[41]。可知鐎斗是汉唐以来墓葬内常见的随葬器物，至辽代，在墓葬内亦有出土，燕山南麓地区辽墓内则惯于随葬陶制明器。

燕山南麓地区辽代墓葬内还经常见有三足器，主要有北京彭庄一号、二号辽墓内的陶鼎，宣化辽墓M5的盆形鼎和M7的三足盘，韩佚墓的三足盘，怀来县桑园辽金墓的三足盘，昌平陈庄辽墓M1的盆形鼎，张家口下花园辽墓的三足盘，蓟县弥勒院辽墓的三足盘，廊坊西永丰村辽墓的釜，北京丰台路口南侧辽墓的三足罐，大兴区青云店辽墓M2的三足盘和三足罐，大兴区杨各庄辽墓M2的三足釜，廊坊馨钻界辽墓M1、M2的三足灯盘，固安县大王村辽墓M2的三足盘、M3的承与龙泉务墓地的三足盘。

这些三足器在不同的报告中的名称性质不尽相同，或称炉，或称盘，或称罐，或称鼎。鉴于此类随葬器物皆为仿实用器的明器，制作过程中可能有变形或简化使

其形态各异，因此其具体名称性质应该以实用器为准。1984年山西大同清理了辽代许从赟墓，墓葬内出土了一批铁器，其中有两件三足釜，一件为双耳兽蹄浅腹，另一件为三足深腹[42]。燕山南麓地区辽代墓葬内的三足器原型应该即是这两类铁器。上述三足器在本区域唐代墓葬内亦有发现，兽蹄浅腹三足器见于昌平旧县唐墓[43]、宣化唐代杨钊墓[44]等。深腹三足器则除见于昌平旧县唐墓还见于大兴区狼堡唐墓[45]。兽蹄浅腹多足器类在唐代多见于香炉，墓葬内此类陶器应该是仿制实用香炉的明器。深腹三足器应该是生活实用的三足铁釜（锅）的仿制明器。

燕山南麓地区辽代墓葬内还有执壶、注子与盏托、杯、碗等茶具，见于北京彭庄一号、二号辽墓，宣化辽墓M5、M7，辽韩佚墓，怀来县桑园辽金墓，昌平陈庄辽墓M1，张家口下花园辽墓，廊坊西永丰村辽墓，北京丰台路口南辽墓，大兴青云店辽墓M2，廊坊馨钻界辽墓M2和固安县大王村辽墓M3以及龙泉务墓地。这些执壶与注子形态不尽一致，盏托形制基本相同，都属于茶具类，此类执壶与盏托习见于北方地区的隋唐墓葬内，且以瓷器为主，辽代高等级墓葬内亦有此类瓷质器物随葬。本区域辽代墓葬内的陶制器物属于仿制实用器的明器，继承了隋唐时期墓葬随葬茶具的传统。

剪刀与熨斗是家庭生活中的常用工具，在燕山南麓地区辽代墓葬中也有体现，北京彭庄一号辽墓，宣化辽墓M5、M7，怀来县桑园辽金墓，昌平陈庄辽墓M1，张家口下花园辽墓，蓟县弥勒寺辽墓，廊坊西永丰村辽墓，北京丰台路口南辽墓，大兴青云店辽墓M1和M2，大兴杨各庄辽墓M1，廊坊馨钻界辽墓M1和M2，固安县大王村辽墓M2和龙泉务墓地内均出土有陶质的剪刀或熨斗，也有部分墓葬二者同出。剪刀与熨斗亦常见于隋唐时期的墓葬中，宿白先生指出河南唐宋墓中常以砖雕形式的剪刀、熨斗代替实物[46]。邓菲也指出剪刀、熨斗、

直尺等图像常见于中原地区北方的宋代装饰[47]。可知墓葬内随葬剪刀与熨斗是中原隋唐以来的丧葬习俗，至宋辽时期，在不同区域形成了不同的表现形式，燕山南麓地区主要以陶制明器随葬。

在燕山南麓地区的辽代墓葬内还常见各类陶制的罐、盆、盘类器物，从昌黎县裴家堡遗址[48]、蓟县鼓楼遗址[49]等遗址的发掘来看，此类器物是辽金时期生活中常用的器类，上述辽代墓葬内的此类器物可能有部分属于实用器。这些器物也普遍见于此前的隋唐时期墓葬内，亦是传统葬俗的一部分。

综上所述，本区域辽代墓葬内随葬大量仿实用器的陶明器多为中原汉唐传统葬俗，但是值得注意的是，如仓罐类陶器盛行于汉，至隋唐时期已经式微，但是到辽代在本区域又复兴，且墓葬内仿实用器的陶器器类也比此前隋唐时期增多，但是基本不见汉唐时期墓葬内常见的各种俑类。随葬陶器原型皆为现实生活中使用的器类，极具世俗化特征，宗教因素较为淡薄。本区域通过对汉唐时期葬俗的继承与扬弃，形成了具有一定区域特征的葬俗。

四、结语

在辽代，随葬大量仿实用器的陶明器习俗还见于山西大同地区，在大同新添堡辽墓、卧虎湾辽墓[50]、南郊壁画墓[51]内均见有此类器物。但是大同地区辽代墓葬内器类明显不如燕山南麓地区丰富，同时大同地区辽代墓葬内常见的各类塔式罐则不见于燕山南麓地区，显示出两个区域在葬俗上的差别。在辽中京西城外山头村墓葬[52]、朝阳马场村墓葬[53]和朝阳天骄城辽墓[54]中都出土有仿实用器的陶明器，应该是燕山南麓地区丧葬习俗传播的结果。金初徐龟墓[55]的发掘表明，此类葬俗在金代仍然沿用。

在燕山南麓地区并非只存在此类传统葬俗，1989年，北京市文物研究所与顺义县文物管理所在安辛庄清理了一座辽墓，

墓葬内出土了一批陶瓷器，包括陶大口罐1件，并无仿实用器的陶明器[56]。该大口罐为典型契丹风格遗物，应该是契丹葬俗的体现。在燕山北麓地区，分布有康保县白脑包辽墓[57]、平泉八王沟辽墓[58]为代表的一批辽代墓葬，这些遗存内出土陶器器类少，且多是大口罐、长颈壶等契丹—辽系陶器，是契丹族群葬俗的反映，顺义安辛庄辽墓则是契丹葬俗传播至燕山南麓地区的结果。

在历史上北方地区族群不断杂居融合的大背景下，葬俗并不能与族群完全对应，以北京昌平陈庄墓葬为代表，通过壁画信息可知墓主可能属于契丹族群，但是墓葬内缺少契丹—辽系陶器，随葬陶器为仿实用器，为本区域汉唐以来传统葬俗。在辽西地区通过墓志等资料可知还有以辽阳刘承嗣墓[59]为代表的汉人遗存，该墓葬内则未见仿实用器陶明器，反而随葬有契丹风格的大口罐。这些现象，反映了辽代燕山南麓及周边区域族群在相对保守的丧葬文化上亦存在交流与融合。

附注：本文系国家社科基金项目"金代完颜希尹家族墓地考古遗存的整理与研究"前期成果，项目编号21CKG030。

①潘静：《宣化下八里Ⅱ区M1孝子图像重读》，《边疆考古研究》2019年第1期。

②衣长春、汤艳杰：《辽代出土备茶图初探》，《形象史学》2020年第2期。

③梁爽：《京津冀辽墓装饰研究》，河北大学硕士学位论文，2017年。

④陈捷、张昕：《宣化辽墓与阁院寺：密教仪轨影响下的符号体系和神圣空间》，《美术研究》2018年第6期。

⑤陈朝云、刘亚玲：《宋辽文化交流的考古学观察——以宣化辽墓的考古发现为视角》，《郑州大学学报（哲学社会科学版）》2015年第1期。

⑥于梦霞：《河北省宋辽墓葬出土瓷器研究》，景德镇陶瓷大学硕士学位论文，2019年。

⑦赵东海：《宋元时期长城以南火葬墓的考古学研究》，吉林大学硕士学位论文，2019年。

⑧苏天钧：《北京郊区辽墓发掘简报》，《考古》1959年第2期。

⑨北京市文物工作队：《辽韩佚墓发掘报告》，《考古学报》1984年第3期。

⑩张家口地区文管所：《怀来县桑园发现辽金时代墓葬》，《文物春秋》1993年第2期。

⑪昌平县文物管理所：《北京昌平陈庄辽墓清理简报》，《文物》1993年第3期。

⑫张家口文物管理所：《张家口市下花园发现一座辽墓》，《文物春秋》1990年第1期。

⑬天津历史博物馆考古队、蓟县文物保护管理所：《天津蓟县弥勒院村辽墓》，《文物春秋》2001年第6期。

⑭张家口市宣化区文物保管所：《河北宣化辽代壁画墓》，《文物》1995年第2期。

⑮河北省文物研究所、张家口市文物管理处等：《河北宣化张文藻壁画墓发掘简报》，《文物》1996年第9期。

⑯廊坊市文物管理处、安次区文物保管所：《廊坊市安次区西永丰村辽代壁画墓》，《文物春秋》2001年第4期。

⑰王清林、王策等：《丰台路口南出土辽墓清理简报》，《北京文博》2002年第2期。

⑱北京市文物研究所：《北京大兴区青云店辽墓》，《考古》2004年第2期。

⑲北京市文物研究所：《北京大兴区杨各庄墓地发掘简报》，《文物春秋》2010年第3期。

⑳北京市文物研究所：《北京龙泉务辽金墓葬发掘报告》，科学出版社，2009年，第12—204页。

㉑廊坊市文物管理处：《廊坊市馨钻界小区辽代墓群发掘报告》，《文物春秋》2009年第2期。

㉒廊坊市文物管理处：《固安县大王村辽墓清理简报》，《文物春秋》2013年第6期。

㉓程义：《关中地区唐代墓葬研究》，文物出版社，2012年，第314—316页；袁胜文：《塔式罐研究》，《中原文物》2002年第2期。

㉔北京市文物研究所：《北京近年发现的几座唐墓》，《文物》1992年第9期。

㉕朝阳地区博物馆：《辽宁朝阳唐韩贞墓》，

《考古》1973年第6期。

㉖魏坚：《内蒙古中南部汉代墓葬》，中国大百科全书出版社，1998年，第125、148页。

㉗史占扬：《从陶俑看四川汉代农夫形象和农具》，《农业考古》1985年第1期。

㉘山西省考古研究所、山西大学历史文化学院：《山西太原开化墓群2012—2013年发掘简报》，《文物》2015年第12期。

㉙考古研究所安阳发掘队：《安阳隋张盛墓发掘记》，《考古》1959年第10期。

㉚山西省文物管理所委员会、山西省考古研究所：《山西长治北石槽唐墓》，《考古》1962年第2期。

㉛河北省文物研究所、平山县博物馆：《河北平山县西岳村隋唐崔氏墓》，《考古》2001年第2期。

㉜陕西省考古研究院：《唐李倕墓发掘简报》，《考古与文物》2015年第6期。

㉝淮安市楚州博物馆：《江苏淮安如意里唐井发掘简报》，《东南文化》2018年第6期。

㉞郑绍宗：《赤峰县大营子辽墓发掘报告》，《考古学报》1956年第3期。

㉟辽宁省文物考古研究所：《关山辽墓》，文物出版社，2011年，第26页。

㊱天津市文化遗产保护中心、蓟州区文物保护管理所：《天津市蓟州区下闸村辽代水井的发掘》，《北方文物》2018年第2期。

㊲王仁湘：《煎饼的起源》，《老年教育（长者家园）》2019年第3期。

㊳㊷王银田、解廷琦、周雪松：《山西大同市辽代军节度使许从赟夫妇壁画墓》，《考古》2005年第8期。

㊴北京市文物工作队：《北京出土的辽、金时代铁器》，《考古》1963年第3期。

㊵张小东：《鐎斗考》，《故宫博物院院刊》1992年第2期。

㊶马会宇、任爱君：《辽代鐎斗考——从杜杖子辽墓发现的一柄铁鐎斗说起》，《北方文物》2015年第4期。

㊸北京市文物工作队：《北京市发现的几座唐墓》，《考古》1980年第6期。

㊹张家口市宣化区文物保管所：《河北宣化纪年墓发掘简报》，《文物》2008年第7期。

㊺北京市文物研究所：《北京大兴狼垡地区唐代墓葬发掘简报》，《北京文博文丛》2019年第4辑。

㊻宿白：《白沙宋墓》，文物出版社，1957年，第38页。

㊼邓菲：《“性别空间”的构建——宋代墓葬中的剪刀、熨斗图像》，《中国美术研究》2019年第1期。

㊽河北省文物研究所、昌黎县文物保护管理所：《裴家堡遗址发掘报告》，《文物春秋》2010年第3期。

㊾天津市文化遗产保护中心：《蓟县鼓楼遗址发掘简报》，《文物春秋》2010年第3期。

㊿山西省文物管理委员会：《山西大同郊区五座辽墓》，《考古》1960年第10期。

(51)边成修：《大同西南郊发现三座辽代壁画墓》，《文物》1959年第7期。

(52)内蒙古自治区文物工作队：《辽中京西城外的古墓葬》，《文物》1961年第9期。

(53)朝阳市文物考古研究所：《辽宁朝阳马场村辽墓发掘简报》，《文物春秋》2016年第Z1期。

(54)朝阳市文物考古研究所：《辽宁朝阳市天骄城辽墓的发掘》，《北方文物》2020年第3期。

(55)大同市博物馆：《山西大同市金代徐龟墓》，《考古》2004年第9期。

(56)北京市文物研究所、顺义县文物管理所：《北京顺义安辛庄辽墓发掘简报》，《文物》1992年第6期。

(57)张家口地区文管所、康保县文管所：《河北康保县白脑包发现辽代石棺墓》，《文物春秋》1989年第4期。

(58)河北省文物保护中心、承德市文物局等：《河北平泉八王沟辽代贵族墓地调查清理报告》，《文物春秋》2019年第4期。

(59)王成生：《辽宁朝阳市刘承嗣族墓》，《考古》1987年第2期。

（作者单位：吉林省文物考古研究所、洮南市文物管理所）

5G时代的博物馆之城体系与天然活态博物馆建设构想

李卫伟

一、引言

2005年，东莞市委、市政府颁布实施《东莞市建设博物馆之城实施方案》，随之出台了《关于博物馆之城建设优惠政策的实施办法》，正式提出了博物馆之城的概念和目标。2006年至2010年又相继有上海、成都、昆明等7座城市提出了博物馆之城的建设计划。截止到2021年底，根据国家文物局公布的数据，已经有北京、西安、南京、保定等26个城市宣布了"博物馆之城"的建设目标。2021年，中宣部、科技部、文旅部、国家文物局等9部门联合发布的《关于推进博物馆改革发展的指导意见》中也提出了"加强博物馆资源整合与协同创新。探索在文化资源丰厚地区建设'博物馆之城''博物馆小镇'等集群聚落"[①]。与此同时，随着2019年工信部向四大电信运营商颁发了5G牌照，标志着5G元年的到来和我国正式进入5G时代，与高速通信伴生的数字技术也已经被作为我国的国家战略得到重视。那么，在这种

5G和数字技术引领的新时代背景下，笔者认为博物馆之城建设应该充分结合时代技术和新理念，为文化遗产开拓更为广阔的空间和前景，为文物工作开创新格局。另外，希望通过本文为各省市在落实中央精神制定博物馆建设政策和博物馆之城的具体实施中提供新思路。

二、现有博物馆和新建博物馆的主要建设方向和内容

在5G和数字技术的语境下，现有博物馆的提升应主要集中在利用现代技术完善基础和解决痛点方面，而新建博物馆则主要应放在完善博物馆体系布局和引入社会力量，形成众创的局面。

（一）现有博物馆提升的主要方向

通过对现有博物馆的改造提升和新博物馆的建设形成体系布局更合理、内容更丰富的博物馆展示传播体系。而现有博物馆提升的主要方向应该是致力于博物馆存在的主要痛点和大众的集中需求。因

表一 全国6座大型博物馆藏品展出率

博物馆	馆藏文物总数万件（套）	常展展出文物数万件（套）	展出文物占比	统计年份
故宫博物院	186	约3.72	2%	2017年
中国国家博物馆	140	3	约2.1%	2018年
陕西历史博物馆	171	0.5	约0.2%	2018年
南京博物院	43	1	约2.3%	2018年
首都博物馆	25	0.56	约2.2%	2019年
上海博物馆	101.9	12	约8.5%	2019年

注：数据由笔者参考相应博物馆的官方网站公布数据统计得出。

"故宫跑"而著称的故宫各种特展，其背后重要的原因是很多人可能"这一生也就只能看到这一次了"。不光故宫，这显露的是整个博物馆行业存在的一个重要问题，即藏品展出率低问题。近年，对6座大型博物馆的藏品展出率统计，平均不足3%（表一）。也就是说如果按照一次展览展出一年，那么一件藏品平均33年才能看到一次。这种展出率不足笔者称之为"隐藏的文物"。因此，现有博物馆在展出内容建设方面最主要的方向应该是提高展品的展出率。

而在数字技术赋能的背景下，提高藏品的展出率可以通过对藏品实行全面数字三维信息采集和建立线上展厅来实现。将采集的数字信息数据通过线上展厅全面展示可以全面提高展品展出率，以满足大众对展出的需求。

数字三维信息采集的数据由于具有高精度、高覆盖率和非接触无损等特性，不但采集的过程能最大程度地减少对文物的损伤，而且人们还可以在线上展厅随时随地从任何一个角度清晰地看到每一个细节。不但可以满足艺术欣赏需求，也可以满足鉴定、学习、研究等多种需求。

（二）新建博物馆建设的主要内容

新建博物馆在政策方面可以鼓励社会参与兴办博物馆，政府给予政策支持或资金补助。《关于推进博物馆改革发展的指导意见》指出"坚持开放共享。营造开放包容的发展环境，……社会参与……多措并举盘活博物馆藏品资源"；"鼓励社会参与。……推动博物馆公共服务市场化改革，引入竞争机制，鼓励社会力量参与展览、教育和文创开发。实施'博物馆+'战略，促进博物馆与教育、科技、旅游、商业、传媒、设计等跨界融合"[②]。这种多元参与兴办博物馆也是5G时代众创共享与融合理念的具体体现。社会参与建设不但增加了渠道，更为重要的是这些参与者也将是博物馆的最忠实受众。这将全面增强博物馆的生机和活力。

新建博物馆需以平衡空间区域布局、建立博物馆集群和填补体系空白、满足迫切需求为主要方向和内容。在场馆方面尽量考虑不可移动文物、历史建筑以及非物质文化体验馆等文化资源。注重建立起以博物馆为重要纽带的文化遗产产业链和产业体系。同时，新建博物馆除了实体博物馆之外，还应将区域性线上博物馆和虚拟博物馆作为重要内容。

三、不可移动文物全面纳入博物馆体系的方法及其主要建设方向和内容

在过去的博物馆体系当中，不可移动文物并没有被作为主要组成部分列入其中，只有部分利用了不可移动文物作为展馆的博物馆会将建筑等与展品进行结合。在5G和数字技术的赋能下，将不可移动文物全面纳入博物馆体系时机已成熟，潜力巨大，空间广阔。

（一）不可移动文物全面纳入博物馆体系的方法

不可移动文物作为反映古代和过去历史、艺术和科学的重要载体，本身就具备展览展示功能。除了故宫博物院、天一阁等本身就是将古建筑作为展品和博物馆承载体的不可移动文物外，还应该将其他未开放的不可移动文物通过5G和数字技术的赋能，全面纳入博物馆之城建设体系，使不可移动文物成为散布于大街小巷、广阔大地上的"天然博物馆"。而且，不可移动文物可挖掘的潜力巨大。很多在世界、全国或者本地居民中具有较高影响力的不可移动文物是极具价值的天然IP，自带流量。更重要的是，这些"天然博物馆"无论是熟悉程度还是空间位置更贴近大众，它们应该成为继现有博物馆之后讲述城市历史、城市故事的又一支主力军。其具体的做法可以是开发一套线上与线下同步的说明导览系统，以移动端设备为终端，利用手机APP或者微信小程序等大众熟知的

渠道进行传播。笔者在2018年参与的北京新街口街道西四地区社区博物馆就是一个案例。该博物馆由于缺乏博物馆空间，于是笔者带领的团队便提出了建设虚拟博物馆与线上线下并行的"天然活态博物馆"构想并付诸了实施。该社区博物馆以北京西四地区最具特色的北京四合院为主要展示对象，集虚拟现实沉浸式体验复原的老北京四合院（图一）、线上720全景技术展示现有四合院的内涵与价值（图二）、线下实体参观配合在线语音讲解于一体（图三）③。

（二）不可移动文物纳入博物馆体系的建设方向和内容

以上案例仅仅是将一个很小区域的不可移动文物纳入了博物馆体系。试想，

图一 利用虚拟现实技术复原的老北京四合院
（界面出自笔者团队开发的程序文件）

图二 利用720全景技术在线展示西四地区胡同四合院
（界面出自笔者团队开发的程序文件）

图三 线下实体参观配合在线语音讲解展示西四地区胡同四合院（界面出自笔者团队开发的程序文件）

如果西城区全部纳入，或者整个北京市甚至是全国建立起了覆盖大部分不可移动文物的说明导览系统呢？因此，要实现将本区域内的不可移动文物全面纳入博物馆之城体系需要完成三项内容：第一是全面挖掘本地区不可移动文物资源，并将之体系化、图谱化，以便于展示传播。第二是建设内容应该着眼于人们通过日常最实用和熟悉的手机、平板电脑等操作简便的移动终端便可以承载的在线和线下实地参观的全程说明讲解、导航、导览的系统建设。如果说建立途径便捷的说明导览系统是一种方向，而建立起内容丰富的说明讲解词，建立起快捷的文物与文物之间的检索、导航功能，建立精准、简明的文物导览功能则是不可移动文物纳入博物馆的重要建设内容，也是核心内容。第三是建立起与说明导览系统相配套的线下标识系统。标识系统的主要作用是线下提示和线上的重要入口。这样就形成了一套不可移动文物的标识说明导览系统，线上线下并举地展示和传播文物内涵与价值。

四、线上博物馆和虚拟博物馆建设的主要方向和内容

线上博物馆因其不受空间限制和灵活便捷等特性广受欢迎，尤其是近两年在新冠肺炎疫情影响人们出行和聚集的情况下，更是如雨后春笋般产生，极大地丰富和满足了参观的需求。而利用了5G和数字技术创建起的虚拟博物馆，其巨大的潜能将会成为一匹"黑马"，脱颖而出，甚至是改变整个博物馆体系结构。

（一）线上博物馆和虚拟博物馆的异同

本文所指线上博物馆主要定义为对博物馆现有场馆、藏品和不可移动文物的线上展览展示，比如利用现在最为流行的720全景技术的云参观、H5网页端展厅、微信小程序、手机APP等。而虚拟博物馆则是以数字技术为支撑，以创造出现实空间中不存在的、虚拟的博物馆为目标的。

一方面是通过数字模型建造起一个虚拟的展馆。这个展馆的外观可以是一组建筑、一栋建筑、一个展厅、一个展室；另一方面是虚拟展馆空间内的展品的陈列布置。虚拟展品的来源既可以是某一个既有博物馆的藏品，也可以是多个博物馆藏品的集合或者多个博物馆的某一个主题系列藏品的组合，甚至是一个地区、全国所有藏品的集合体。当然，也可以是虚拟创造出的藏品、场馆、不可移动文物。这充分利用了5G和数字时代数据融合的便利性和快捷性。当然，线上博物馆和虚拟博物馆也是可以相互转化的，虚拟博物馆的重要展出形式和阵地就是互联网和移动通信的线上服务。虚拟博物馆如果非常受欢迎，也可以将之实体化。

（二）线上博物馆的建设方向和内容

2020年受新冠肺炎疫情影响，全国博物馆系统已推出2000多个线上展示，总浏览量超过50亿人次④。这些线上展示基本上都是上文提到的对现实博物馆的线上化。但在5G和数字技术赋能下，线上博物馆发展应该还有两个方向：

一是区域综合线上博物馆。目前线上博物馆基本上都是每个博物馆的线上化。而集合了区域藏品优势的大区域线上博物馆，其形成精品展览和主题更广泛、藏品更丰富展览的可能性更大。二是开拓更广阔的展览和传播形式。"从本质上讲，博物馆的展览是一种观点与思想、知识与信息、文化与艺术乃至价值与情感的传播媒介。"⑤ 因此，为了真正做到传播、做好传播，博物馆就不能够被刻板印象的传播方式所束缚，而是应该转换思维，采取不拘一格的形式去选取多种媒介相互配合地做好传播，这也是5G时代的经典理念"融合"的具体体现。例如，可以结合时尚传播途径，开创在抖音、哔哩哔哩等平台播放的短视频展览等大众喜闻乐见的新内容形式。北京和西安等地已经联合广电融媒体平台开展了一系列活动。这些都是线上博物馆的重要组成部分。

（三）虚拟博物馆的建设方向和内容

由于虚拟博物馆是一个利用数字技术建立起的云端博物馆。因此，从展馆的外观造型、展厅布置到藏品都既可以是现实中存在的，也可以是历史长河中的经典之作，还可以是现代"文创"品。由于虚拟博物馆具有高度的灵活性，通过虚拟博物馆我们可以虚拟复原城市和乡村中在历史上非常著名但不幸消失的重要景观、建筑、工艺品、科技产品，等等。

虚拟博物馆可以在线上通过移动端设备参观游览，也可以在线下建立一个利用虚拟现实技术实现的沉浸式虚拟参观体验厅。

当然，这也提出了一个重要的问题。数据从哪里来？2012年国务院发布了《关于开展第一次全国可移动文物普查的通知》，2014年至2016年在整理公布第一阶段成果的同时，也启用了全国可移动文物信息登录平台。因此，全国文物普查为建设全国性的虚拟博物馆创造了数据基础和来源。试想，如果将全国的精品文物办一个虚拟展览，那将是多么震撼。如果研究者能以全国文物虚拟博物馆作为数据来源，其研究视野和角度将是何等广阔，其成果将是何等丰富和深入。因此，虚拟博物馆不仅仅在展示传播方面，而且将在研究、设计等方面产生影响。而如果这个虚拟博物馆是世界级的，产生的影响又会是怎样的呢？这也为现有博物馆建设提出了一个重要的工作内容需求——即上文提出的通过馆藏品的数字化信息采集和数据共享创建开放共享的线上博物馆和虚拟博物馆体系。

五、创造专业内容与技术融合的"天然活态博物馆"体系

多元要素构架起的博物馆之城体系，必将带来文化遗产管理方式的剧烈变革，而尽快建立起文化遗产各专业内容相互融合并融合各种技术的天然活态博物馆是要

做的第一步。第二步是什么呢？走出文化遗产的圈子，创造出一个融入自身特色且用自己的力量影响整个社会大产业链的文化遗产新路径。

（一）各专业内容相互融合

目前，以5G和数字技术为代表的时代，最为核心的理念便是融合，包括专业内容的融合与技术的融合。过去，不可移动文物、可移动文物、考古、非遗四个方向可谓是"各自为政"。但是在新时代新技术的条件下，就能够在文化遗产领域内形成相互补充、互相融合的组织体系。目前我们将文化遗产分为四个方向，而在这些遗产产生的时代，可移动文物往往是附着在不可移动文物上的某一个构建或陈设其中的某一件物品，很多不可移动文物是通过某件可移动文物建造的，而建造的技术多是过去的非遗技艺。因此四者在过去、在古代是相互伴生、互为依存的。而这种伴生和依存也恰恰是我们要展示的文物的重要内容之一。如某件精美的瓷器应该陈列在宅院主人的什么位置？某把锋利的古代宝剑是在什么样的铸造技艺与环境下打造的？某件考古出土品，按照规制应该在墓葬中摆放在什么位置，与哪几件形成一个系列？按此思路，不可移动文物、可移动文物、考古和非遗就重新被整合成了一个有机体。正如彼得·戴曼迪斯在《未来呼啸而来》一书中说的，"为什么是现在？答案很简单：融合"⑥。

（二）创造技术融合的文化遗产大平台

专业内容的融合背后的重要推动力就是技术的融合。传统展览展示方法、数字化展览展示方法，传统的采集手段和数字化的采集手段要融合并行。切合不同受众群体，适应不同展示需求。在目前各种人员接受程度不同、各种需求不同、所处的环境各不相同的社会条件下，必须创造一个技术融合的大平台。这个平台既包括线下的传统展览、虚拟沉浸式体验展览，也包括线上的各种技术的实体展示和虚拟复原展览，还包括以公众考古为代表的考古展览宣传及非遗工坊体验

展厅。

（三）创造"天然活态博物馆"体系

通过以上论述，我们可以较为明确地提出"天然活态博物馆"体系建设包括将现有博物馆通过内容的大幅提升配合新建博物馆建设完善展示体系，将不可移动文物通过建设标识说明导览系统全面纳入博物馆展示体系、创立融合各种技术的线上博物馆和虚拟博物馆体系。但是这只达到了天然博物馆的程度，要想让天然博物馆能够真正地"活起来"，我们就需要增加丰富的交流与互动，建立起人与博物馆之间的联系。因此，添加公众参与项目的设置是必不可少的。这种公众参与的关键点在于激励机制的设立。因此，为了保证用户黏合度，可以适当给予相应的头衔奖励、物质奖励。

六、博物馆之城建设方针与路线

技术前行的道路上也需要思维与理念的转变，如此庞大的一个博物馆之城体系建设，更需要方针理念的指导。而在技术的赋能、大政方针与新理念的赋能与指导下，我们希望描绘出一幅恢宏的博物馆之城新图景。

（一）博物馆之城建设方针和原则

博物馆之城是一个庞大的体系，它包含了多个层面、多种业态，是一个产业链。因此，它不可能是一蹴而就的，也需要多方力量，它需要遵循渐进的、众创的、共享的方针和原则。渐进是每个地方根据自身特色逐步开展推进，不能一窝蜂、一阵风，而要长期持续。众创则是既包括政府层面，也包括社会力量的企事业单位、团体和个人的全民众创。这也是文物领域全面响应国务院"双创"（大众创业、万众创新）的具体体现，是实现文化遗产融入社会大产业链的具体路径。共享则是需要各个博物馆在藏品数据上打开格局，真正将馆藏文物信息数据分享给大众。这样，虚拟博物馆才有了数字展品的

重要来源，也才有全民众创基础。

（二）博物馆之城建设的技术路线和图景

博物馆之城最终的受众是大众。而我国博物馆之城受众的接受能力是多层次的。因此博物馆之城必须寻找出一条使用便捷、充分利用智能设备、参观自主性强的建设技术路线与途径。

除了上文提到的公众参与，在技术层面上不需要大量服务人员的自主参观，利用参观者自带的终端设备的智慧参观是有效的技术路线和解决方案。这个博物馆之城体系的图景是利用5G和数字技术开发一套集便捷、智慧和自主化为一体的说明导览系统，系统可以达到一部手机"走天下"的程度。当然，未来也可能出现比智能手机更加完善、美好的终端设备，但必须提出的是，目前为止没有什么现代科技是专门为文化遗产研发的，我们只有在市场上见到的技术中发现、遴选、适配与融合。

七、结语

博物馆之城建设是一个包含了多层面、多要素、多技术手段相互融合的体系，因此它需要遵循渐进的、众创的、共享的方针和原则。我们相信在政府政策的支持和引导下，在全体文博行业从业者的努力下，在5G和数字化等新技术赋能下，在新理念的影响下，必将创造出一个充满生机和活力的"天然活态博物馆"新体系，实现博物馆之城建设的宏伟目标。

①②文物博发〔2021〕16号《关于推进博物馆改革发展的指导意见》。

③西四地区线上博物馆，网址:http://58.48.168.66:8000/hutong/。

④钱益汇主编：《博物馆蓝皮书：中国博物馆发展报告（2019—2020）》，社会科学文献出版社，2021年。

⑤陆建松：《论博物馆展览各级传播目的的设定及执行》，《自然科学博物馆研究》2016年第3期。

⑥[加]彼得·戴曼迪斯、[加]史蒂芬·科特勒：《未来呼啸而来》，北京联合出版公司，2021年。

（作者单位：北京市考古研究院）

"时间-空间-社会"视角下名人故居空间功能转型研究

——以北京茅盾故居为例*

姚　明

一、引言

名人故居反映了一个地区的文化积淀，是具有地方特色的文化遗产①。名人故居具有思想教育性，名人是所处时代的精神象征，而名人故居则是这种象征的载体，名人的高风亮节、意志品质对于今人，尤其是对青少年学生具有深远的思想教育意义，是一座中华民族的精神宝库②。名人故居是历史文化与建筑相交融的产物，作为引人入胜的人文景观，名人故居具有极高的保护和开发价值③。

茅盾先生是新文化运动的先驱者、中国革命文艺的奠基人，1949年新中国成立时，他担任中华全国文学工作者协会主席，同时还担任中央人民政府文化部部长，作为新中国以来长期担任文艺界领导的茅盾先生，承载着共和国文学的荣光，为繁荣文学倾尽心力④。1984年5月24日，"茅盾故居"被公布为北京市文物保护单位，由茅盾生前担任领导职务的中国作家协会作为主管单位，在中国现代文学馆设立茅盾故居管理处进行日常管理。本研究以北京茅盾故居为研究对象，以列斐伏尔空间理论的"时间-空间-社会"三元辩证视角对北京茅盾故居的发展历程进行理论分析，以期对名人故居、纪念类博物馆、博物馆学研究提供借鉴。

二、空间功能的生成与演变

基于"时间-空间-社会"三元辩证视角⑤，故居在空间功能发生了四个阶段的变迁：第一阶段是1974—1981年，从1974年茅盾先生搬入至去世，故居既作为物质空间存在即物质空间是感性的，可以直接测量和描绘，又作为一种社会空间存在，是作为中央政府高级领导干部、文艺界领导的象征性，发挥居住与工作的实用功能；第二阶段是1981—1985年，1981年茅盾先生逝世，居所成为了真正意义上的故居，经过一系列准备工作，故居完成空间修复，实现了"居所"向"故居"的过渡性，发挥了纪念功能；第三阶段是1985—2009年，作为文物保护起来，成为旅游资源，实现了作为机构的文物保护单位的开放性转变，承载了教育功能；第四阶段则从2009年至今，是故居空间功能的重构阶段，故居作为博物馆的公共文化服务职能凸显。

故居空间功能的演变是对社会发展的一种适应与回应，是对其原有空间功能的一种拓展，每个历史时期故居空间功能的变迁都伴随着社会的参与，是空间与社会互动的结果，发挥了"人-空间-人"的双向作用，从时空性、共时性、历时性等维度揭示了时间、空间、社会的相互关系和相互塑造过程。

（一）空间生产：象征性、实用功能

第一阶段是1974—1981年，从1974年茅盾先生搬入至去世，故居既作为物质空间存在即物质空间是感性的，可以直接测量和描绘，又作为一种社会空间存在，是作为中央政府高级领导干部、文艺界领导的象征性，发挥居住与工作的实用功能。北京市东城区交道口后圆恩寺13号有一座两进标准四合院，原房主为全国政协副主席杨明轩（1955—1968），后为中央政府办事机构，与人头攒动的南锣鼓巷毗邻，与周边的王府旧址、庭院深阔的其他四合院相比看不出什么特别之处，随着茅盾先生一家人的迁入而开始了社会学意义上的"空间生产"，而被赋予了深刻的含义。

从"萍踪浪迹"到"落地生根"，文化大家的踪迹总是伴随着文化象征意义的构建，萍踪地、居住地、墓地等都是纪念馆建立的影响因素⑥，正是茅盾先生在这里的活动赋予了这一地点以特殊的文化象征意义，作为实用性的居住地、房屋，完成了空间生产过程，具备了联结社会的过去、现在与未来的纽带作用，在前向维度追念过去的人/事件、价值/真理，以维持和保留过去的某些特征，又在后向维度缔造了创新与期望，从而维系着历史的延续性与完整性。

（二）空间修复：过渡性、纪念功能

第二阶段是1981—1985年，1981年茅盾先生逝世，居所成为了真正意义上的"故居"，经过一系列准备工作，故居完成空间修复，实现了"居所"向"故居"的过渡性，发挥了纪念功能。

茅盾逝世后，1982年2月18日，中国作家协会党组向中共中央宣传部提出书面报告，请求把茅盾生前的最后寓所保留下来，作为茅盾故居，收藏他的遗物，供后人瞻仰、学习。1982年2月24日，中央领导批复报告，同意保留故居。1982年6月11日，国务院机关事务管理局通知中国作协向北京市房管一公司办理移交手续。1982年8月23日，中央书记处讨论通过《作家协会党组"关于编辑出版〈茅盾全集〉、筹建茅盾研究会"的报告》。1983年，中国茅盾研究会成立，研究会曾在茅盾故居的南房办公，叶子铭、周扬、冯牧、孔罗荪等文学界大家都曾在南房里济济一堂，共同追忆茅盾，1984年5月24日，北京市政府京政发〔1984〕72号文件，公布茅盾故居为文物保护单位。1985年1月5日在中国作家协会第四次会员代表大会上，中国现代文学馆正式宣告成立，杨犁任文学馆第一任馆长，同年3月26日举行隆重的开馆典礼，巴金先生亲自主持，胡乔木、王蒙致辞，来自全国各地的二百多位知名作家出席了开馆典礼，与此同时成立了茅盾故居管理处，由其生前担任领导职务的中国作家协会作为主管单位，作为中国现代文学馆的内设机构进行日常管理，1985年3月27日，茅盾故居正式对外开放。

（三）空间拓展：开放性、教育功能

第三阶段是1985—2009年，作为文物保护起来，成为旅游资源，实现了作为机构下的文物保护单位的开放性转变，承载了教育功能；故居已经作为一种特殊的资源进入了旅游市场，是人们充分参与的空间实践活动。

茅盾故居经过整修后作为陈列馆对外开放，门内影壁上镶有金字黑大理石横匾，上书"茅盾故居"，是邓颖超的手笔。绕过影壁就进入了茅盾故居的前院，院中立有一尊茅盾先生的半身塑像，前院搭着葡萄架，挂着茅盾为孙女亲手做的一架秋千，前院的倒座房、厢房和北房都开辟成了展厅，里面设有与茅盾的生平和文学创作有关的展览，包括手稿、作品、信件、手迹和茅盾主编过的文学刊物等，共400多件⑦。后院正房六间，包括茅盾生前的卧室、起居室、工作室及会客室，里面的陈设全为旧物，保留了原貌。故居开始对外开放，接待来自全国各地的文学爱好者与慕名而来的游客，在特殊的历史阶段，作为景点也收取门票。作为北京市爱国主义教育基地，故居主要通过陈列来反映历史，保留着茅盾故居的历史原貌，再现当时的生活情景，直接作用于人的视觉，给人们以感性的认识，帮助人们了解特定历史人物、历史时期、特定环境社会生活。

（四）空间重构：公共性、文化功能

2007年，中办、国办印发《关于加强公共文化服务体系建设的若干意见》，党的十七大把建设"覆盖全社会的公共文化服务体系"作为实现全面建设小康社会的重要目标之一，标志着公共文化服务体系建设已经成为国家文化发展的重要战略[8]。2009年，茅盾故居的隶属单位中国现代文学馆，开展了面向公共文化服务的部门重组改革与职能转向[9]，中国现代文学馆加入中国博物馆协会，牵头成立中国博物馆协会文学博物馆专业委员会[10]，进一步明确了其作为博物馆的职能定位，故居也随之走向"类博物馆化"发展路径。

故居开始从单纯的陈列，向主动提供文化服务转变，由原有的物品陈列，接待游客参观为主，转变为主动"走出去"，向社会向民众提供公共文化服务。故居参与区域博物馆联盟，共同探讨、开展公共文化服务，基于承载的思想内涵和精神实质的相通性，成立了8家名人故居类教育基地，包括宋庆龄故居、李大钊故居、鲁迅博物馆、郭沫若纪念馆、茅盾故居、老舍纪念馆、徐悲鸿纪念馆、梅兰芳纪念馆，举办系列活动，打造经典品牌[11]，如在北京市18个区县举办了"穿越时空——五四文化名人"事迹展览进社区系列文化活动，举办展览如"笔剑无分同敌忾，胆肝相对共筹量——郭沫若与茅盾展"；进行宣教，在北京市6家学校进行主题巡展活动；举办博物馆日系列活动，与爱国主义基地共建学校联合开展多种形式的活动，以配合展览进行宣传，采用这种动静相结合，平面立体相结合的宣传模式，最大限度满足不同受众群体的需求。

三、空间功能的演变动因

纪念是人类社会由来已久的现象，贯穿着文明演进过程[12]，是故居建立的核心要素。名人故居具有城市文化标志、地域文化情调和教化后人的重要人文价值以及传承城市文脉及精神教育意义。同时，纪念也是日常生活的重要组成部分，纪念币、纪念册、结婚周年庆典、生日宴会、毕业典礼等有形或无形的纪念性事物渗透在每个人的生活细节中。近现代名人故居、纪念馆是依托近现代名人资源建立的收藏、研究和展示近现代名人文化并进行社会教育的公共场所，与其他博物馆一样，是社会发展到一定阶段的政治、经济和文化产物，是在适应社会发展的漫长过程中形成的多职能文化复合体[13]。近现代名人故居、纪念馆"保存、维系着对中国历史重大事件和重要人物的相关记忆，中国文化弥足珍贵、不可或缺的部分"，是开展公共文化服务的重要阵地，是构建公共文化服务体系的重要内容[14]。

（一）故居与文人：记忆中介

故居是文人居所，见证了文人的生活与创作，承载了睹物思人的记忆唤醒功能。故居作为空间实体，是一种"记忆"的社会化表现，使个体通过所了解事件、作品、人物及其承载的精神内涵，将个体与个体联系在一起[15]。

通过"类博物馆"的教育手段[16]，将价值观（爱国主义、历史主义、民族主义等）渗透进个体的思维[17]，进而影响集体情感与行为强化主流意识形态，巩固社会秩序，增强集体凝聚力[18]。故居作为"记忆中介"联结了人类社会的过去、现在与未来[19]，睹物思人在"追惜"维度追念过去的人与事件、价值与真理，以维持和保留过去的某些特征，又在"抚今"维度缔造了创新与期望[20]，维系着文化的延续性与完整性。

（二）故居与文学：启迪机制

仪式行为既包括宗教、神话、族群

等特殊领域的行为，也包括聚餐、庆贺、旅游等各种人类社会行为[21]。纪念仪式和其他仪式都具有形式主义、操演性和身体性，但纪念仪式更有明确的事件参与其中，从而能更好地塑造社会记忆，进行文化渗透[22]。空间是纪念仪式举行的基础，可以为仪式提供场所精神的支撑，营造纪念仪式的神圣氛围与历史现场感，让人们更易与历史产生关联感，在仪式实践中形成深刻的记忆[23]。

故居是文学现场，空间功能的产生与演化得益于文学的广泛影响。文学使人们感知时间跨度而产生知觉体验，这种知觉体验和时间不可逆性形成呼应，从而可以形成某种神圣、感慨、严肃的体验。为了对抗生命的短暂和时间的不可逆，通过纪念来制造永恒，铭记某些不可忘却的主题[24]。故居空间的建立正是为了保留文学"遗迹"，传播文学的意义，让文学来温暖人心，启迪"民智"。

（三）故居与文教：认同路径

故居是文教场馆，承担"文人之笔"的宣传、教育功能。"文人之笔，劝善惩恶"，好的文艺作品弘扬正能量，用文艺的力量温暖、鼓舞、启迪，引导人们提升思想认识、文化修养、审美水准、道德水平，激励人们永葆积极向上的乐观心态和进取精神[25]。

来到故居进行参观、游览或参加各类纪念活动，构成了极具"仪式感"的社会行为，区别于传统的宗教、神话、族群等特殊领域的行为，具有形式性、操演性和身体性[26]，是一种对于文人精神的认同[27]，在场所的参与中完成了潜移默化的"教化"，因为明确的文化现象与文化事件的参与，能更好地塑造记忆，进行文化宣传，使人们获得记忆内容（经验），通过强化生活稳定性来满足文化需求，通过强化认同、关联与凝聚力来满足归属与爱的需求[28]。故居空间塑造记忆，以不同的形式叙述着民族的历史或者革命的历史，为全民共享、保存、展示记忆的装置，为民族和国家提供认同的资源。

（四）故居与文化：传承驱动

故居是文化空间，空间体验下的意义生产成为文化的组成部分。故居成为具有鲜明特色的文化现象，是文化制度的组成，承担文化服务职能。在世界范围内故居文化广泛流传，在世界各国都是一种文化标志和宝贵遗产[29]，如英国建立"蓝牌委员会"专门保护名人故居，如老舍先生在伦敦的故居被合理地保护起来[30]；德国对恩格斯故居的保护[31]；俄罗斯对列宁故居的保护等[32]。

故居承载着深厚的文化底蕴，作为一种"符号"具有实体形式，可以延伸、表征和传达情感、伦理等纪念意义[33]，可以被称为抽象的"纪念碑性"[34]，在传播过程中承载着过去的社会意识，并对当下和后世产生持久深刻、潜移默化的文化作用力[35]。历经时间的洗礼，文化的演化，故居作为文化符号代表了文化现象，逐渐被列为文化制度被保护与被认可，成为公共文化服务的载体之一，是传统文化传承与创新的重要驱动。

四、分析与探讨

（一）空间功能变迁是一部"人"围绕空间的互动历史

故居空间的功能变迁是一部人们围绕空间的互动、调适与博弈的历史。首先，空间是社会行动的载体，社会的变迁体现于空间的变迁和重构中。故居在每个历史时期都是物质空间、精神空间和社会空间的集合体，并不是单一形式呈现[36]。故居作为社会产物的空间，在时间流中的社会行动留下的印记，无论是空间生产、修复，还是拓展、重构，都体现了空间与人的社会互动的过程。这点在齐美尔那里也得到了验证，"在这个空间和邻近的那个人的位置之间是未填充的空间，实际上一无所有，在这二者相互作用的那一刻，他们之间的空间似乎是被填满了，而且变得有生机了"⑰。

（二）空间功能变迁围绕"人"的发展而演进

进出博物馆的观众各有不同，带着不同的目的走进一个个具体的空间，共同演绎出博物馆空间生产的图景。博物馆通过空间、资源和服务的灵活组合，搭建协作学习的平台与机制，使之成为用户的乐园，启发人们的学习主动性，组织人们互动交流，引导和支持人们进行多种方式和途径的学习，鼓励他们自由表达思想和分享学习成果，支持他们获得来自空间内部的学习帮助。数字化环境下博物馆空间规划的价值取向应树立以人为本的理念，以进入博物馆的人为中心，以服务人的学习为核心主旨，以促进知识产出和构筑协作关系为目标，盘活资源设备，强化共同参与，激发用户的能动性，打造能动的博物馆空间。

（三）空间功能变迁是文化政策围绕空间的博弈调适历程

故居的保护、传承与开发从来就不是"自然而然"，它凝结了与故居相关的各类人群的艰苦努力。"愿失去英伦三岛，不愿失去莎士比亚"是英国的一句名谚语，而在我国"鲁郭茅巴老曹"在现代文学史中地位十分重要，对于他们的故居保护得到了文艺界的大力支持。从单个建筑的保留、展厅的建设、陈列展示、管理机构的设置、管理人员的配备乃至于形成与之相关的文化制度，是一个文化政策围绕空间的博弈与调适历程。

（四）空间功能变迁中兼具工具理性和价值理性

故居空间功能变迁中的社会行动兼具工具理性和价值理性，工具理性是现实的驱动，价值理性则是终极追求。工具理性表现为将故居纳入不同的管理与服务体系之中，在现有经济社会发展阶段具有多重身份、综合性多维度性质，既是文化事业范畴也是文化产业范畴，嵌入区域经济发展与规划。

价值理性是故居发展的终极追求，故居作为一个把文化巨匠居所、文学精神、人民大众结合在一起的空间组织，是国家进行文化治理的空间组织单元，其建立的根本目的是更好地实现公共文化服务，满足人民群众的文化需求。人们参观的空间实践充满了价值理性，在文物保护、旅游资源开发、公共文化服务的阶段，价值理性占据主流，群众既有对追求美好生活的需求，又能在空间重构中保护和传承优秀文化传统，实现工具理性与价值理性的统一。

*本文系国家社会科学基金一般项目：新文学作品版本发掘、整理与研究（17BZW185）的研究成果之一。

①丁超、张秀娟：《北京名人故居的三重属性及其认定与保护原则》，《北京社会科学》2006年第4期。

②刘媛君：《作为阅读文本的北京名人故居建筑》，《城市问题》2007年第1期。

③成志芬、周尚意、张宝秀：《土地产权制度变迁对地方名人故居文化的影响研究——以什刹海历史文化街区名人故居为例》，《现代城市研究》2017年第11期。

④杨扬：《茅盾先生与中国作家协会》，《文艺报》2019年7月12日第3版。

⑤韩勇、余斌、朱媛媛等：《英美国家关于列斐伏尔空间生产理论的新近研究进展及启示》，《经济地理》2016年第7期。

⑥杨玉山：《历史人物纪念馆陈列探讨》，《东南文化》2005年第3期。

⑦刘屏：《茅盾北京故居修葺一新 三月开放》，《中国现代文学研究丛刊》1985年第2期。

⑧姚明：《"馆员"职称发展路径研究》，《山东图书馆学刊》2021年第1期。

⑨姚明：《多功能综合性文化服务机构个案研究：藏品来源、职能定位、发展路径》，《图书馆研究与工作》2020年第10期。

⑩姚明：《博物馆科研产出特征研究——以中国博物馆协会文学博物馆专业委员会为例》，《中国博物馆》2019年第4期。

⑪郭丽娜，赵笑洁：《挖掘内涵 整合资源 加强合作——充分发挥名人故居类教育基地的爱国主义教育作用》，《新中国人物博物馆60年学术研讨会论文集》，2011年。

⑫胡献忠：《从五四到新时代：革命文化的历史性跨越——基于习近平总书记关于五四运动及革命文化相关论述的分析》，《中国青年研究》2020年第7期。

⑬朱薇：《纪念馆陈展探析》，《中国纪念馆研究》2016年第2期。

⑭管小平：《多场馆视角下的近现代名人纪念馆陈展定位研究——以内江市张大千纪念馆为例》，《博物馆管理》2020年第4期。

⑮吴中平：《都市语境中的建筑纪念性研究》，华南理工大学博士学位论文，2016年。

⑯[法]弗朗索瓦丝·萧伊：《建筑遗产的寓意》，清华大学出版社，2013年，第1—17页。

⑰王治君：《纪念性艺术综合体》，中国建筑工业出版社，2009年，第121页。

⑱胡炜：《纪念性建筑的感性形态研究》，中国建筑工业出版社，2017年，第9—10页。

⑲林凯：《符号学视角下纪念性景观语义表达研究》，中国林业科学研究院硕士学位论文，2016年。

⑳[美]刘易斯·芒福德：《城市文化》，中国建筑工业出版社，2009年，第463—470页。

㉑彭兆荣：《人类学仪式研究评述》，《民族研究》2002年第2期。

㉒王子涵：《结构与过程：集体记忆视域下民俗的能动性探源》，《民俗研究》2019年第6期。

㉓陈蕴茜：《纪念空间与社会记忆》，《学术月刊》2012年第7期。

㉔李开然：《景观纪念性导论》，中国建筑工业出版社，2005年，第1—15页。

㉕范玉刚：《"以人民为中心的创作导向"——习近平文艺思想的人民性研究》，《文学评论》2017年第4期。

㉖王子涵：《结构与过程：集体记忆视域下民俗的能动性探源》，《民俗研究》2019年第6期。

㉗彭兆荣：《人类学仪式研究评述》，《民族研究》2002年第2期。

㉘胡家祥：《马斯洛需要层次论的多维解读》，《哲学研究》2015年第8期。

㉙刘滨谊：《纪念性景观与旅游规划设计》，东南大学出版社，2005年，第28—33页。

㉚李开然：《景观纪念性导论》，中国建筑工业出版社，2005年，第41—47页。

㉛朱炳聿：《恩格斯在马克思主义发展史上的贡献——德国乌珀塔尔恩格斯故居博物馆前馆长埃伯哈特·伊尔纳访谈》，《国外理论动态》2020年第5期。

㉜承：《莫斯科附近的三所列宁故居博物馆》，《文物参考资料》1954年第7期。

㉝齐康：《纪念的凝思》，中国建筑工业出版社，1996年，第1—5页。

㉞巫鸿：《中国古代艺术与建筑中的"纪念碑性"》，上海人民出版社，2009年，第2—6页。

㉟赵海翔：《人造的路标：纪念性空间研究》，中国建材工业出版社，2011年，第152—160页。

㊱林叶：《城市人类学再思：列斐伏尔空间理论的三元关系、空间视角与当下都市实践》，《江苏社会科学》2018年第3期。

㊲[德]格奥尔格·齐美尔：《社会是如何可能的：齐美尔社会学文选》，广西师范大学出版社，2002年。

（作者单位：中国现代文学馆）

长城裂缝灌浆技术研究

——以居庸关南瓮城为例

郭明宇　　孙艳群　　金　超

　　长城是我国现存体量最大、分布最广的文化遗产，以其上下两千年、纵横数万里的时空跨度，成为人类历史上宏伟壮丽的建筑奇迹和无与伦比的文化景观。北京长城沿燕山和太行山脉内侧山脊而行，从东至西横跨平谷、密云、怀柔、昌平、延庆和门头沟六个区，呈半环形分布，全长520.77千米（图一）。

　　根据2012年国家文物局长城资源调查和认定成果，北京长城主要包括北齐和明两个历史时期的遗存，材质类型以土、石、砖及山险为主，其中北齐长城遗存24处、明长城遗存2332处。北京明长城因其拱卫京师的特殊使命，尤为险峻坚固严密，其修建技术、规模和管理规划等方面达到了顶峰，是中国有长城分布的15个省、自治区和直辖市中保存最完好、价值最突出、工程最复杂、

文化最丰富的段落。

　　居庸关坐落于北京市昌平区境内的关沟，距北京市区约60千米。作为北京明长城的重要组成，由军事防御城垣和城内外建筑构成。军事防御城垣呈封闭的环形，包括城墙、敌楼、南北城门与关楼、南北瓮城和水关。

　　南瓮城位于居庸关南侧，面积约2500平方米。城墙在多年的自然环境的侵蚀下出现多道墙体裂缝，对文物本体存在严重的安全隐患，故针对该种病害，启动南瓮

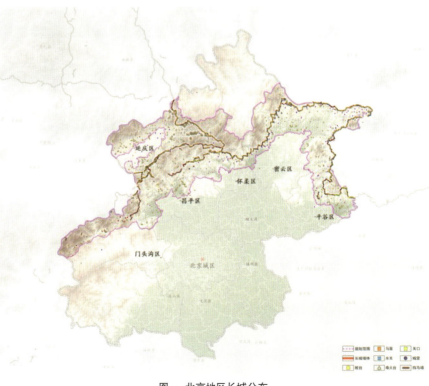

图一　北京地区长城分布

城加固治理工作。

一、居庸关南瓮城概况

南瓮城呈半圆形，南侧封闭，西侧设置瓮城门，门上有箭楼三间；瓮城内东侧城墙有登城通道，北侧为居庸关南城门与城楼。南瓮城全长128米，墙高约10米（不含雉堞）。

根据史料记载，居庸关南瓮城城墙建设不晚于明景泰年间（1450—1457），目前居庸关南瓮城为多次修缮的结果。从现场调查情况所得砖尺寸的分类和构造方式可以推断，南瓮城的历史构筑主要集中在城墙外部西侧青白石基础。外部南侧偏西的城墙保留有宽4.5米、高7.5米的遗存墙面，具有珍贵的历史价值。

二、居庸关南瓮城现状分析

南瓮城城墙属于砖石混合结构，采用条石基础，墙身、顶面、雉堞与女儿墙为青砖，墙体高约10米（不含雉堞、女儿墙）。外侧城墙外墙面采用条石基础，东侧为粉色花岗岩，西侧为青白块石。条石基础上为城砖墙身，一顺一丁砌筑，水泥砂浆勾缝，南侧偏东局部有两顺一丁、石灰浆勾缝的砌筑方式。内侧城墙外墙面主要采用粉红色花岗岩块石砌筑，东侧有"登城入口"，顶部三层城砖菱角檐收头，其上为女儿墙。菱角檐下有7处花岗岩水口，排除城墙顶部雨水。

南瓮城城墙马道采用尺二方砖十字缝铺墁，整体向北侧找坡，雨水汇入城墙内圈排水明沟，通过8个水嘴将雨水排入瓮城内部。雉堞与女墙城砖十字缝淌白砌筑，整体保存状况好。

（一）墙体裂缝情况（图二）

1. 外侧墙身总体保存状况好，病害现象以酥碱、裂缝、空鼓为主，外侧外墙面共有最大宽度大于等于10毫米的纵向裂缝9道。

2. 内侧外墙有纵向裂缝1道，位于东南角，长度约10.4米，宽度约20毫米，深度约2米。裂缝主要沿着水泥灰缝分布，中部灰缝脱落，部分处于裂缝上的石块断裂。

3. 东券门有裂缝1道，位于东券门（登城入口）拱券顶到女儿墙底部，最宽处约20毫米。

（二）病因分析

根据现场调查分析，主要病害原因为自然因素和人为因素。自然因素主要包括基础运动、雨侵与毛细水、温差与冻融、水泥砂浆勾缝、车辆震动等。

1. 自然因素

（1）基础运动：由于南瓮城东侧边坡引发了坍塌次生地质灾害、挡土墙发生变形，对南瓮城城墙基础造成一定影响。靠近坍塌部位的墙体裂缝有扩大且伴发次生裂缝的趋势。

（2）雨（雪）侵与毛细水：南瓮城城墙为砖石外壳、内部碎砖石粘土填充结构，干燥时强度较好。但由于墙体外侧，特别是南段和东段内外墙均采用水泥砂浆勾缝，墙体内部水分无法自然迅速排出，加剧墙体裂缝增大。

（3）温差与冻融：该地区年平均气温11.8℃，极端最高气温 38.9℃，极端最低

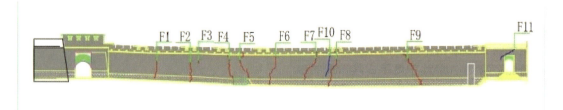

图二 南瓮城墙体裂缝分布情况

气温-9.8℃；昼夜温差较大，冬季冻融现象严重。南瓮城城墙常年处在气温的急剧变化中，墙体结构频繁胀缩，内部填充物经过多次建设，可能产生不均匀凝结，在重力作用下产生不规则沉降运动，对外墙砌体产生挤压，使墙体外表产生裂缝。这些裂缝在雨水不断冲刷下逐渐延伸。同时，裂缝的存在使雨水渗入墙体内部，对整体结构安全稳定性产生影响。

2.人为因素

居庸关为国家AAAA级旅游景区，旅游团多、游客量大，瞬间活动荷载大，频繁的踩踏致使地面、踏步有一定磨损和灰缝脱落。南瓮城作为全城的主要登城口，活动荷载对墙体产生较大影响。同时，疏于日常养护的排水沟堵塞严重，造成城墙顶面积水不能及时排除。这些因素均可能加剧墙体裂缝的加大。

三、修缮措施

（一）修缮原则

1.本次维修应在不改变文物原状的前提下，坚持"保护为主，抢救第一，合理利用，加强管理"的保护方针，尽可能真实完整地保存居庸关南瓮城城墙的建筑特色；

2.坚持"不改变文物原状"和"最低限度干预"原则；

3.保持城墙的真实性、完整性和延续性；

4.在维修过程中以传统做法为主要的修缮手法；

5.保护文物环境；

6.保护现存实物原状与历史信息。

（二）修缮方案

针对现场实际墙体裂缝，测量缝隙长度、宽度、深度，同时进行编号，根据缝隙各自情况采取对应施工措施。

对于缝隙≥10毫米的裂缝，前期清理缝隙中松散城墙填充物、碎砖石及杂物，后续用大小合适的碎砖石塞入裂缝中（作为骨料），用毛刷以水浸润，同时用喷壶将缝隙内侧润湿，并用小麻刀灰对裂缝进行封堵，安装注浆咀，稳定后灌注适当黏稠桃花浆，最后使用油灰进行封堵；对于缝隙<10毫米的裂缝，灌浆料则采用流动性刚好的桃花浆。墙体两侧通缝，则需在两侧封堵，并加注浆咀。

四、具体内容

（一）灌浆材料

南瓮城墙体裂缝灌浆选用材料时，遵循传统做法要求和根据现有墙体实际情况，使用了白灰和当地黄土，配制桃花浆作为注浆材料。

1.白灰：白灰中的CaO、少量MgO的含量与浆料硬化的程度有十分密切的关系，为减少生石灰在自然空气中的消解熟化，本工程选用了块状石灰。

2.黄土：选用当地黄土，具有一定黏性。黄土中含有少量的硅酸盐，与白灰中的氧化钙、氧化镁反应生成硅酸钙、硅酸镁，增强浆料中的硬化度。以"手握成团，落地开花"为标准，并将黄土过筛孔10毫米×10毫米的筛子后备用。

图三 灌浆用器具

（二）主要器具（图三）

材料的配比是施工质量的关键性因素之一，为确保施工过程中所用材料配比准确、计量精确，定制了计量灰土的量筒。本工程所用量筒为四方铁皮筒，容量为0.05立方米。为掌握灌浆数量，定制了浆桶，用于桃花浆的计量器具，容积为0.1立方米。根据工程特点，更好地将浆料灌入墙体裂缝中，现场采用胶皮桶制作了无压灌浆器。

（三）工艺流程

在实际施工时按 标记 → 裂缝修补清理 → 裂缝封堵 → 安装灌浆咀 → 准备桃花浆 → 灌浆 → 勾缝 的工艺流程进行施工。

（四）技术要点分析

1. 标记

修缮前南瓮城共存在11条裂缝，其中外侧墙体9条、东券门1条、内侧墙体1条，对这11条裂缝进行了编号和详细的勘察（表一）。

2. 裂缝修补清理

用毛刷清理裂缝内壁，掏出松散的碎砖和杂物，用气泵吹掉浮灰后（图四），用水冲洗干净。清理后裂缝内壁坚实、无杂物。

3. 裂缝封堵

根据现场实际情况，我们对不同宽度的裂缝进行了分析，以缝宽1厘米为界，采用了不同的封堵措施。用喷壶润湿缝隙

图四 气泵清理浮灰

内侧后，裂缝宽度小于1厘米的，直接用小麻刀灰进行封堵；裂缝宽度超过1厘米处，用碎砖（粒径2—3毫米）塞入裂缝内部作为骨料，再用小麻刀灰进行封堵，凝固24小时后进行下道工序。经试验，小麻刀灰配比为灰∶麻刀＝100∶3效果最佳，挑选麻刀长度不超过15毫米，与泼灰掺匀后使用。

4. 安装灌浆咀

根据裂缝宽度选择适合的灌浆咀，裂缝宽度小于2厘米时，选用铁管作为灌浆的器具；裂缝宽度大于2厘米时，选用PVC

表一　11条裂缝详细情况勘察表

编号	裂缝宽度（厘米）	裂缝长度（米）	裂缝特点
1	0.5—2.5	11.95	上下贯通缝，下宽上窄，分布于墙基与墙身
2	1—2	11	上下贯通缝，下宽上窄，分布于墙基与墙身
3	0.5—2.5	2.9	上下贯通缝，下宽上窄，分布于墙身
4	2—3	14.07	上下贯通缝，上宽下窄，分布于墙基与墙身
5	2—4	14.32	上下贯通缝，上宽下窄，分布于墙身，处于新旧城墙交接部位
6	2—5	15.9	非上下贯通缝，上宽下窄，从雉堞到墙身
7	2—3	15.69	上下贯通缝，从雉堞到墙身，分布于墙身
8	2—4	13.87	上下贯通缝，下宽上窄，分布于墙基与墙身
9	1—4	20.18	上下贯通缝，下宽上窄，分布于墙基与墙身
10	1—2	11	上下贯通缝，下宽上窄，分布于墙身
11	1—2.5	10.5	非上下贯通缝，上宽下窄，分布于墙身

表二 灌浆咀的选材和技术参数

裂缝宽度	灌浆咀材料	技术参数
2厘米以下	铁管（膨胀螺栓外管），直径8毫米	30° 斜向插入缝隙内3厘米，外露3—5厘米

图五 灌浆咀分布

管作为灌浆咀（表二）。沿着墙体裂缝设置灌浆咀，间距为300毫米（图五）。

5. 制桃花浆

桃花浆由白灰、黄土和水搅拌而成，传统做法为白灰∶黄土＝3∶7（体积比），水的比例是至关重要的，合适的桃花浆可以流动充满缝隙内的空隙，凝固后强度也高，其和易性是最佳状态，经多组比例测试试验，最终确定白灰∶黄土∶水＝3∶7∶4最佳（表三）。

桃花浆配比确定后，采用搅拌机搅拌桃花浆。搅拌时长不同，几种拌合物的融合度不同，经多组比例测试试验，拌和时长满足3分钟以上就可以达到很好的融合状态，综合考虑工作效率和成本，选择搅

拌时长4—5分钟。搅拌好的桃花浆，过细箩过滤一遍后使用。

6. 灌浆

（1）检查：灌浆前再次检查，封堵住可能漏浆的孔洞或裂缝。

（2）灌浆方法：为避免灌浆对文物本体的损伤，本次选用了无压灌浆的方式。压力灌浆一般是通过液压、活塞或者挤压式输送灰浆，存在一定的压力，虽然压力值可调节，但机械设计的缺点是输送量恒定，不能感应到墙体内部的变化而随时调整，这对于城墙修缮不适用，可能会改变内部结构和受力，引发因注浆过度造成墙面鼓胀，甚至坍塌的情况，造成修缮性破坏。而无压灌浆是依靠浆料本身的重力流动，对墙体本身的压力较小，不会破坏原有墙体的受力情况。

（3）灌浆工具：采用皮桶当盛器，底部打孔，插入金属管（直径10毫米，长10厘米）用垫片锚固，内与桶底齐平，外露7厘米；皮管当输送管（直径15毫米，壁厚6毫米），一头与金属管外露端套紧（图六）。

（4）灌浆方式：从裂缝的最底部灌浆咀开始灌浆。将灌浆器的皮桶悬挂在脚手架横杆上，位置高于灌浆咀1.5—2米，皮桶内的桃花浆通过皮管流向缝隙内，边灌边搅拌，灌浆咀开始溢浆或皮管内桃花浆明显不流动时，抽出皮管，等待1小时左右，待桃花浆与墙体结合稳定后，再一次灌浆。每个灌浆咀灌3—5次，结束灌浆（图七）。

同一条裂缝不能连续灌浆，底层凝固（环境温度在28—35℃，凝固时长1小时10分钟）后，再进行上一层灌浆。为使灌

表三 桃花浆配合比试验比选表

序号	配合比	状态
1	白灰∶黄土∶水 ＝3∶7∶1	和易性差
2	白灰∶黄土∶水 ＝3∶7∶2	和易性差
3	白灰∶黄土∶水 ＝3∶7∶3	和易性较差
4	白灰∶黄土∶水 ＝3∶7∶4	和易性好

图六 自制城墙裂缝灌浆器

图七 灌浆

入墙体的浆料凝固得更好，能承托起上部浆料，也防止浆料过多引起墙体鼓胀等病害，除每次灌浆停留1小时左右，每天的灌浆高度不超过1米。

7. 勾缝

灌浆完成后将灌浆咀剔除，清理封堵填充的小麻刀灰，清理深度2—3厘米。先用小麻刀灰填轧实，再勾油灰，灰缝赶轧密实，最后，清理墙面，完成修缮。

五、修缮效果

南瓮城墙体灌浆工程于2019年10月完成，解决了原有裂缝的问题，从观感质量上看，实现修缮的目的和初衷。到目前为止，该工程已完工两年，从原有裂缝位置观察监测，未出现明显裂缝，可推断灌浆技术对南瓮城裂缝病害的治理有效（图

图八 修缮前、后对比

图九 修缮后的居庸关南瓮城

八、图九）。

本工程虽在众多长城修缮项目中规模较小、项目单一，但此修缮方式在北京地区长城修缮中应用较少，可以说是一次新的尝试。

此次修缮对于长城的本体采取了最小干扰的原则，在不干扰建筑物本身现状的前提下，经过现场传统材料不同的配比实验，以及现场模拟实验，在大量数据的支持下，最终选择较为合适的方案进行实际施工。工程同时采取研究性修缮的模式，不设定工期，实验先行、科学研究，在施工过程中注意积累数据和总结分析，确保墙体灌浆质量。

通过本次修缮，为今后长城瓮城及城墙类相关修缮项目积累了经验，收集了数据，对同类型病害的治理提供了一种新的方法，具有一定的借鉴意义。

（作者单位：北京市文物工程质量监督站）

浅析圆明园正觉寺的保护与利用

许艳峰

正觉寺是清帝御园圆明园附属的一座皇家寺庙，俗称喇嘛庙，位于圆明三园——绮春园的西侧，与绮春园既有后门相通，又单设南门，独成格局。该寺占地面积12660平方米，建筑面积3000平方米，包括山门、钟鼓楼、天王殿、三圣殿、五佛殿、文殊亭、六大金刚殿、最上楼等。

一、正觉寺的历史沿革

正觉寺始建于清乾隆三十八年（1773），是一座平面呈长方形的独立建筑群（图一）。1860年第二次鸦片战争中，英法联军入侵北京，占据并火烧圆明园，园内寺庙建筑大多被焚毁，正觉寺因独处绮春园墙外而幸免于难。1900年八国联军侵华，圆明园再次遭受罹劫，正觉寺内建筑也遭到不同程度的破坏，当时驻扎在圆明园附近朗润园的德军将寺院的部分佛像和门窗建筑强行拆毁。民国初年，正觉寺被时任北洋政府代国务总理的颜惠庆购作私人别墅，并且将寺院部分堂院的佛像拆除，改建为堂室，破坏了正觉寺的原有格局。后来，正觉寺被当时的清华大学作为

教职工宿舍使用。

20世纪70年代，正觉寺又被海淀机械制造厂（今北京长城锅炉厂）等单位占用，在寺内乱搭乱建，以至于寺内的很多古建筑被破坏，仅残存山门、文殊亭、四座配殿和26株古树（图二、图三）。1986年，正觉寺北部外延的河湖也被掩埋，其

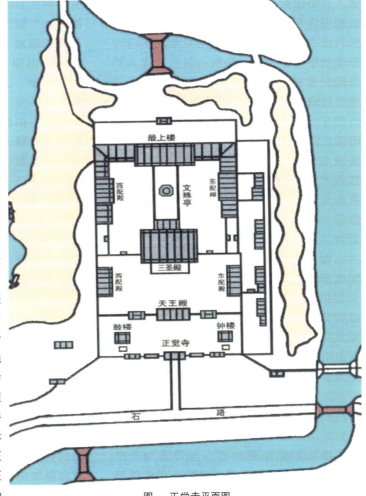

图一 正觉寺平面图

图二 正觉寺山门

图三 正觉寺文殊亭

山形水系不复存在。2000年7月至2001年12月，正觉寺内的厂矿企业和居民搬出，现代建筑拆除。2002年，圆明园管理处对正觉寺开始进行清理，并委托北京市文物建筑保护设计所对正觉寺的修缮复建进行设计，正觉寺一期修缮工程也于当年年底开始并于2003年9月底竣工。2011年7月6日，正觉寺二期修缮工程竣工，整体建筑修缮完成，开始向社会公众开放。

二、正觉寺的历史文化价值

（一）不可替代的文物价值

习近平总书记指出，"文物承载灿烂文明，传承历史文化，维系民族精神，是老祖宗留给我们的宝贵遗产，是加强社会主义精神文明建设的深厚滋养。保护文物功在当代、利在千秋。"1860年及1900年，圆明园两度罹劫，园内的慈云普护、日天琳宇、舍卫城、方壶胜境、法慧寺等众多佛寺纷纷被战争损毁，整体建筑荡然无存。正觉寺因处绮春园墙外，特殊的地理位置使它躲过大火的焚毁，成为园内唯

一一座幸免于难的古建筑群，也是园内唯一一座保存至今的皇家藏传佛寺，更是唯一一处经文物主管部门批复整体修复的古建筑群。因此，正觉寺的文物价值具有不可替代性。

（二）独特珍贵的建筑艺术价值

正觉寺的保护，对于研究清代皇家寺院建筑、了解圆明园的建筑形制都起到了重要的作用，对于我们深入了解清代建筑的建造工艺和手法也起到了展示和例证的意义①。正觉寺独特的建筑艺术价值主要体现在以下几个方面：其一，正觉寺内的遗存反映了圆明园清代皇家园林宗教建筑院落布局、建筑构造及特征，可以与相关历史记载相互佐证，是研究同一时期建筑构造及做法的珍贵实物例证；其二，正觉寺是以传统材料、传统工艺、传统形制、传统施工方式整体修复的庞大建筑群，是圆明园造园艺术在寺院建筑上的一次总结和重现，具有里程碑意义。2011年，修复后的正觉寺以完整的寺院格局重现世间，有利于社会公众感知当时的经济、政治、文化历史风貌。如正觉寺的建筑形制就是吸取了西藏、新疆等地区著名建筑的特点，将台塔、堡垒式藏族建筑风格和斗拱、梁架等汉族建筑艺术有机融合，充分展现了当时清朝各民族共建共荣、文化交流的状况。

（三）不容忽视的社会价值

从2002年12月开始，圆明园管理处对正觉寺遗址进行大规模的考古、修缮和保护工作。2011年7月6日，经过九年的修缮，正觉寺整体建筑修缮完成，首次对社会公众开放。作为圆明园唯一一处整体修复的古建筑群，正觉寺见证了这座皇家园林从华丽到荒凉的沧桑变迁，是社会公众了解圆明园历史面貌的重要载体与实证，丰富了"爱国主义教育基地"的文化内涵，激发并增强了国人的爱国之情，让更多的人意识到圆明园被毁的教训、圆明园遗址的警示和教育意义，从而珍视这座幸存的文物古迹。

（四）承古启今的园林景观价值

作为圆明园唯一保存至今的皇家寺庙和古代藏传佛寺建筑修复的范本，正觉寺对中国寺庙景观建造、园林规划设计等方面具有重要的借鉴意义。正觉寺的园林景观与佛教寺庙两种元素相互渗透、相互融合，寺内紧凑规整、庄严肃穆的建筑空间布局，既为寺庙营造了远离喧嚣、超凡脱俗的氛围，又彰显了皇家园林的神秘和威严，呈现出清代皇家园林的显著特征[②]。正觉寺东、西、北三面环山，北湖修整恢复后，山与水相呼应，形成既有天然情趣又有宗教色彩的园林景观，彰显"园中寺、寺外园"的独特布局。"寺因木而古，木因寺而神"，正觉寺内古木众多，据有关专家测定，寺内一棵古树有460多岁的树龄，它不仅见证了正觉寺源远流长的佛教文化，也见证了正觉寺百年沧桑的历史变迁。如今，正觉寺独特的山水树木与禅意空间不仅塑造了圆明园的寺庙，也丰富了京城的建筑文化。

三、正觉寺的保护与利用

"三山五园"是北京历史文化名城保护体系中的两大重点区域之一，是西山永定河文化带和大运河文化带交汇的重要文化资源富集地。为深入贯彻习近平总书记关于首都城市战略定位的重要指示精神，落实好中共中央办公厅、国务院办公厅《关于加强文物保护利用改革的若干意见》，根据国家文物局印发的《国家文物保护利用示范区建设方案》《国家文物保护利用示范区创建管理办法（试行）》《关于同意创建北京海淀三山五园国家文物保护利用示范区的函》（文物政函〔2021〕235号）等文件精神，结合实际情况，2021年4月，海淀区人民政府编制并印发了《北京海淀区三山五园国家文物保护利用示范区建设实施方案》，明确提出圆明园正觉寺的保护与利用应从以下几个方面展开：

（一）创建圆明园博物馆，传承展示"万园之园"的璀璨文化

习近平总书记指出，"一个博物院就是一所大学校。要把凝结着中华民族传统文化的文物保护好、管理好，同时加强研究和利用。"2021年4月《北京海淀区三山五园国家文物保护利用示范区建设实施方案》印发之后，圆明园管理处上下高度重视、积极落实，成立由管理处主任统筹领导、副主任牵头落实的博物馆筹备小组，开始紧锣密鼓地筹建博物馆。目前，筹备组已完成前期场地踏勘，绘制了详细博物馆平面图，正在开展对其他博物馆的走访调研、编制调研报告、收集资料、了解业内基本情况等工作。

博物馆的展览展示是遗址保护最富有现实意义的手段，是实现文化遗产社会效益的直接体现。结合圆明园"以木为本、以水为纲、以遗址为特色"的性质，未来博物馆将做好出土文物、回归文物、考古研究成果的常设展览展示，作为圆明园国家遗址公园的重要组成部分。通过各种展览展示，让公众走进文化遗产，也让文化遗产融入大众生活。让历史说话，让文物说话，充分发挥圆明园爱国主义教育功能，警示国人"落后就要挨打"的道理。同时加强遗址考古成果的研究与利用，传承展示"万园之园"的璀璨文化，突显圆明园巨型文化库的深厚内涵，使国人增强文化自信，实现文化复兴。

（二）创建圆明园文物修复中心，实现文物价值最大化

文物是人类在社会活动中遗留下来的唯一具有历史文化、美学艺术和科学价值的宝贵遗产，不能再生，只能最大限度地将其长久保存下去。随着自然环境不断发生变化，容易导致博物馆内铜质文物生成有害锈、铁质文物出现层状剥离矿化、木质文物产生变形开裂、纸质文物发生氧化变黄霉变等受损现象，同时一些出土的珍贵文物也遭到不同程度的损坏。为尽快挽救已经腐朽、破坏的

文物，使其再获重生，文物修复与保养就显得尤为重要，特别是对考古发掘出土的文物精品，要求更高。

长期以来，"1860"符号成了圆明园不可磨灭的烙印。随着近年来圆明园遗址考古发掘工作不断推进，出土了大量瓷器、琉璃、石刻等文物，其中仅瓷器碎片就多达10万余片。为了加快文物修复的速度，2019年5月和9月，圆明园分别启动"修复1860"一期与二期工作，对大量文物碎片进行拼接修复，再现它们昔日"容颜"。首批修复的6件文物包括1件青釉鼻烟壶、2件青花八宝万福如意瓷砖、1件康熙青花龙纹碗、1件康熙红釉碗及1件青花缠枝莲纹瓷绣墩，这些文物最早能追溯到康熙年间，具有极高的艺术价值与历史价值。二期修复的11件文物包括地天母铜佛像、康熙青釉莲瓣碗、康熙青花龙纹碗等。2020年12月，"修复1860"三期工作启动，首次对西洋楼遗址出土的西洋纹饰琉璃构件进行修复，同时还修复了康熙青花龙凤纹碗、康熙黄釉缠枝花纹盘、康熙斗彩水仙灵芝杯等24件瓷器。在文物修复过程中，既要保持文物历史的真实性，还要体现美学价值，经过分拣、清理、粘接、补配、找平、做色、绘纹饰、上釉、做效果、拍照归档、形成工作日志及评审等多个步骤，才能将破碎的文物修复完好。今后，圆明园会将"修复1860"作为长期坚持的一项工作，持续修复出土文物，并将修复好的文物对外展示，从而让公众了解圆明园历史的沧桑，勿忘国耻。现阶段，圆明园文物修复工作主要在同乐园文物修复室内进行，整体修复环境还有待提高。2021年，根据《北京海淀区三山五园国家文物保护利用示范区建设实施方案》的工作安排，未来将以正觉寺为核心建设圆明园文物修复中心，从而最大程度地改善圆明园文物修复环境，确保文物修复质量，实现圆明园文物价值的最大化。

（三）以马首归藏为新起点，促进圆明园流失文物回归

近年来，圆明园流散文物中大多是通过国家购买、民间购买和机构捐赠才得以回到祖国怀抱的。这些饱经沧桑的文物不仅见证了中华民族的辉煌与屈辱，同时凝聚了中华儿女深厚凝重的情感。2020年，马首铜像成为第一件回归圆明园的流失海外的重要文物。

2007年，港澳知名爱国工商界人士何鸿燊先生斥资购得圆明园马首铜像，并表示会将马首捐给国家，希望借此带动更多人参与保护中国文物的工作。2019年，在中华人民共和国成立70周年和澳门回归20周年之际，何鸿燊之女何超琼代表其父将马首铜像捐赠国家文物局，实现了圆明园马首铜像归藏国家的夙愿。为更好弘扬、践行流失文物回归原属地的国际共识，国家文物局决定将马首铜像划拨北京市海淀区圆明园管理处收藏，并于2020年12月在正觉寺举行"圆明园马首铜像划拨入藏仪式"，马首终归故里，给百年漂泊路画上圆满的句号。至此，它不再是一件皇家私藏，而是属于全体人民的文化遗产。

2021年1月，"百年梦圆——圆明园马首铜像回归展"在正觉寺举行，文殊亭作为马首展区，向社会公众开放。本次展览分"圆明重光""万园之园""马首回归"三个单元，展览面积1172平方米，共展出文物、照片等约100组件，作为正觉寺基本陈列持续展出。展览以马首归藏为主线，着重讲好文物回归背后的故事，以此教育引导国人铭记历史沧桑、看见岁月痕迹、留住文化根脉，进而增强民族凝聚力和民族自豪感。目前，除马首之外，已有6尊圆明园流失兽首铜像回归祖国，其中虎首、牛首、猴首、猪首铜像现藏于保利艺术博物馆，鼠首和兔首现藏于中国国家博物馆，其他5尊兽首仍然下落不明。今后，圆明园将以马首归藏为新起点，通过国家文物局和社会各界力量的共同努力，在国际公约的约束下，运用法律和外

交手段积极斡旋，促进更多圆明园流失文物的回归。

（四）在保护古建、遗址安全的前提下，全面提升正觉寺安防系统与展陈设施

圆明园博物馆选址正觉寺和西洋楼展览馆，其中正觉寺为主展场，西洋楼展览馆配合，总建筑面积3649平方米。现阶段，在保护古建、遗址安全的前提下，将对正觉寺展览场地进行升级改造，全面提升安防系统与展陈设施，从而使其硬件配置符合现代博物馆需求。

首先，确保正觉寺古建、遗址本体的安全。1988年1月，圆明园被国务院公布为第三批全国重点文物保护单位，正觉寺作为园内唯一一处保存较完整的地面建筑群，具有不可替代的文物价值、不容忽视的社会价值、独特珍贵的建筑艺术价值及承古启今的园林景观价值，因此以正觉寺为核心创建圆明园博物馆，确保古建、遗址的本体安全是首要条件。

其次，提升安防系统与消防设备。由于博物馆收藏和陈列的文物是人类重要的历史文化遗产，一旦发生火灾、文物被盗或人为破坏，后果将不堪设想，因此提升安防系统与消防设备非常重要。20世纪80—90年代，中国大部分博物馆主要是通过视频进行简单监控，安全防范工作存在隐患。而现代博物馆的安防系统应该是一个多模块、多功能、智能化、高灵敏的软硬件结合的系统。关于博物馆安防监控系统的建设，近年来，国家相继出台了《文物系统博物馆风险等级和安全防护级别的规定》《文物系统博物馆安全防范工程设计规范》等相关法规。根据以上法规要求，以正觉寺为核心的圆明园博物馆安防系统建设，应包括前端设备、传输设备和主控设备。而从安防监控系统的实际需求来看，整个系统应包括音视频监控子系统、防入侵报警子系统、人员巡更子系统、门禁管理子系统、传输子系统、中心控制子系统、供电子系统、环境监测子系统等，而且每个子系统都能独立工作，同时实现相互间的有效联动。因此，在保护古建、遗址安全的前提下，建立以图像监控为主、各种数据为辅，结合多种报警功能的全套系统是全面提升正觉寺安防系统和消防设备的主要目标。

再次，优化展览展示设施。展览展示设施作为这个空间中的重要组成部分，其中展柜是最复杂最重要的一类，展柜的形式要求、功能要求及设计方法，均要围绕展示性、保护性、操作性及安全性来进行。同时展区的内容设计、展品更新、文物展示方式及展厅结构与灯光等都要考虑到，从而使大众拥有丰富优质的参观体验。另外，在现代科技信息化时代，除了提供免费Wi-Fi，博物馆内还要增加公众导赏服务，并推出AR增强技术及VR虚拟现实技术等创新科技互动，为公众带来沉浸式展览体验。

最后，在人类社会日益进步、世界文化遗产越来越被珍视的背景下，正觉寺作为圆明园唯一幸存的地面古建筑群，更显得弥足珍贵。现阶段，圆明园管理处将以创建三山五园国家文物保护利用示范区为契机，通过对正觉寺的有效保护和高效利用，追溯圆明园劫难前的印记，加大圆明园历史文化的挖掘，传承"万园之园"的璀璨文化，努力使正觉寺成为三山五园区域历史文化保护传承与可识别性的重要组成部分！

---

①姚庆、孙连娣：《圆明园正觉寺天王殿遗址保护初探》，《青春岁月》2013年第19期。

②黄赛丰：《圆明园正觉寺的保护与展示》，《中国藏学》2020年第2期。

（作者单位：圆明园管理处）

《北京文博文丛》改版暨征稿启事

尊敬的各位作者、读者：

《北京文博文丛》作为北京市文物局主办的学术理论阵地，承载着科研交流平台的重任，汇聚了北京地区文物、博物馆、考古、史地等领域重要学术研究论文和成果，从1995年创办以来，在北京文博研究领域起到了重要作用，产生了广泛的社会影响。

为适应文博事业发展的需要，2023年《北京文博文丛》将进行改版，由每年出版4辑合并为1辑。改版后的《北京文博文丛》仍设置"文物研究""博物馆研究""考古研究""文物保护""北京史地""文献资料"等栏目。为繁荣北京市文博事业发展和促进文博界的学术交流，欢迎社会各界赐稿！

稿件要求：

1. 文章选题可以涵盖北京及周边地区，亦可围绕北京文博重点业务工作和重点学术课题，如围绕中轴线遗产保护、北京老城整体保护和复兴、国家文化公园和大运河、长城、西山永定河三条文化带建设、文物保护利用示范区、革命文物保护利用、博物馆之城建设等方面撰写研究性文章，以及反映文物保护与研究、博物馆学、考古学、北京史地民俗、古籍文献等领域的新问题、新发现、新观点的论文。

2. 文章篇幅在5000—8000字为宜，做到主题明确、结构合理、论据可靠、逻辑清晰。

3. 文章注释为尾注，格式为"作者（编者、译者）+著作名称+出版单位+出版年份+页码"，按①②③依次标注。

4. 稿件所附图片尽量为JPEG格式，大小不少于3M，并附有图片说明。

5. 可将稿件电子版发送至：bjwb1995@126.com，联系电话：64071605。

6. 来稿请注明作者单位、联系方式及确切通信地址。所有稿件，请作者自留底稿，无论采用与否，恕不退还。

注意事项：

1. 本刊已被《中国学术期刊网络出版总库》及CNKI系列数据库收录，凡《北京文博文丛》发表的文章，作者文章著作权使用费与稿酬由本刊一次性给付。

2. 作者应保证对作品拥有合法的著作权。本刊不承担由于作者的著作权纠纷所带来的任何连带责任。

3. 请勿一稿多投，2023年投稿截止日期为5月31日。